JEAN RICHEPIN

MES
PARADIS

PARIS
BIBLIOTHÈQUE-CHARPENTIER
G. CHARPENTIER et E. FASQUELLE, éditeurs
11, RUE DE GRENELLE, 11

1894

A MAURICE BOUCHOR

Mon cher ami,

Voici le livre que j'appelais *le Paradis de l'Athée* au *post-scriptum* de la lettre te dédiant *les Blasphèmes*. Il y a, de cela, dix ans. Et en ces dix ans, ce n'est pas seulement le titre du livre qui s'est modifié : le livre lui-même ne ressemble plus guère à celui que j'imaginais alors.

Alors une terrible fièvre d'orgueil me brûlait et j'étais comme soûl du vin de ma pensée. Je l'étais à ce point, que ton retour vers des idées contraires aux miennes me parut une sorte d'apostasie, que j'en souffris cruellement, et qu'il fallut toute la force de notre mutuelle affection pour me retenir de te garder rancune. Par bonheur, cette force était si forte, que rien ne pouvait prévaloir contre elle. Et c'est là précisément que mon orgueil prit sa première raison de se trouver déraisonnable, et que commença de se dissiper ma farouche ivresse philosophique. O miracle, en effet! Nous avions chacun notre hypothèse sur l'origine et la fin des choses, et ces deux hypothèses se contredisaient, et cela ne nous empêchait pas de nous aimer toujours aussi fraternellement! Toute mon intransigeance en fut mise à bas. Je n'en continuai pas moins à croire en mon hypothèse, puisque je suis organisé de telle façon que celle là seule me satisfait; mais je dus admettre qu'une autre hypothèse pouvait mieux satisfaire d'autres esprits. Je me sentis devenir tolérant. Et plus je le devins, plus j'eus conscience d'être, en cela, logique avec ma négation de l'absolu. Du même coup, je compris combien la pensée est peu de chose au prix de l'amour, et je le compris de plus en plus par la suite, en constatant que nos intelligences se dissociaient chaque jour davantage, jusqu'à devenir antipodes, sans que nos cœurs eussent un instant cessé de battre à l'unisson. Et ce me fut une lueur vers quoi je m'orientai à la recherche de *mes paradis*. Tu la verras grandir de page en page en avançant dans le livre.

Je ne veux pas l'expliquer ici, ce livre, comme j'essayai d'expliquer *les Blasphèmes* par la lettre préliminaire où je te les présentais. Je me doutais bien, alors déjà, de l'inutile peine qu'on se donne à prendre de telles précautions ; mais je ne m'en doutais pas encore assez, et l'effet a passé mes prévisions de beaucoup. *Les Blasphèmes* ont été blâmés et loués presque toujours à contresens. Et pourtant l'inspiration en était, je crois, bien claire et facile à démêler ! Que serait-ce donc de ce nouveau livre, autrement complexe, et dont la moitié porte cette rubrique significative : *dans les remous ?* Quelle préface, fût-ce sous forme de sommaire paragraphé et numéroté, y pourrait servir de guide aux esprits malintentionnés ou paresseux ? Mieux vaut renoncer à cet espoir, et que le livre s'explique de lui-même aux gens attentifs et de bonne foi. Je ne leur ferai qu'une recommandation : c'est qu'ils veuillent bien lire ces pages dans l'ordre où je les ai rangées, y trouver la suite que j'ai tâché d'y mettre, n'en pas juger telle ou telle prise à part, et ne se scandaliser de rien avant d'avoir tout compris. En d'autres termes, je voudrais que le livre fût considéré par eux, non comme un recueil de pièces détachées, mais comme un seul poème d'une tenue. Je les prierai aussi de ne jamais perdre de vue cette lueur dont je te parlais plus haut, et qui fut mon pôle et qui doit être le leur. Que si, enfin, quelque apparente contradiction pouvait leur sembler gênante, entre ce livre et le précédent, je leur dirai de bien prendre garde qu'elle est seulement apparente, et qu'il en faut d'ailleurs, même au cas où elle serait réelle, chercher la raison dans ceci : à savoir que *les Blasphèmes* furent écrits de vingt à trente ans, et *Mes Paradis* de trente à quarante, voire un peu au delà. Mais la sincérité fut égale et entière ici et là, j'espère que les sincères le reconnaîtront.

Ceux qui ne le sont pas, je n'en ai cure. Pharisiens de la pensée ou chicaneurs de la forme, ils ne m'intéressent point et je suis aussi insensible à leurs critiques qu'à leurs éloges. J'emploie de mon mieux les dons que je puis avoir, en les fécondant de toutes mes forces par le travail. Quant à mettre le public dans le secret de ce travail, non ! Quant à rédiger des manifestes, jamais ! J'aime trop, pour cela, mon indépendance et je respecte trop celle des autres. Que chacun aille à sa guise et qu'on me laisse aller à la mienne ! Toutes les guises sont bonnes, dont l'effet est bon. Ce que valent nos efforts à tous, on le saura seulement quand nous n'y serons plus. Suffit que nous nous efforcions, tandis que nous y sommes, vaillamment et loyalement.

J'ai eu un très vieux grand-oncle qui, à quatre-vingt-dix ans passés, quand on lui demandait de ses nouvelles, vous répondait en souriant :

— Faï meis obres, faï ma bisougno.

Tâchons de lui ressembler, mon cher Maurice, et faisons de même nos *obres*, que ce soit celle de tes divins *Mystères* ou celle de mes amers *Paradis*, et faisons-les sans autre souci que de les bien faire, chacun dans notre voie, et disons-nous que le meilleur de notre *bisougno* aura encore été de nous sentir toujours frères en la faisant, et commençons ainsi à réaliser dans notre coin, à quelques-uns que nous sommes, le chimérique paradis où tous les humains divers et anarchiques s'aimeraient comme nous nous aimons !

Jean Richepin.

VIATIQUES

I

PRÉLIMINAIRES

En vérité, mon frère, homme, je te le dis,
Si je timbre d'un « *mes* » ce grand mot « *paradis* »,
Ce n'est pas en façon de main-mise orgueilleuse.
Je ne t'impose point pour soleil la veilleuse
Qui fume et champignonne en toute humilité
Au chevet d'ignorance où je suis alité.
Elle ne vaut pas plus, j'en conviens, que la tienne.
Donc, ô mon pauvre égal, ne crois pas que j'y tienne,
A ce « *mes* » ; n'y va pas attacher trop de prix
Et penser qu'envers toi j'affecte un sot mépris.
Puis-je te mépriser, en quoi, moi qui me nomme
N'importe qui, rien, moins que rien, ton frère, un homme ?
Hélas ! c'est comme toi, front lourd et bras tordus,
Que je cherche à tâtons les paradis perdus

Et vainement m'épuise en étreintes funèbres
Sur des fantômes faits de vide et de ténèbres ;
Comme toi, que je vais, d'un pas aussi perclus,
Vers une foi, dans un siècle qui n'en a plus ;
Comme toi, même objet d'une juste risée,
Que j'arrose la fleur après l'avoir brisée ;
Comme toi, que l'espoir d'être heureux me reprend
Et que je viens dans l'ombre écouter en pleurant
Si du ciel quelque sourd roucoulement retombe
Au colombier désert dont j'ai fait une tombe.
Ah ! les divins, les chers, les blancs oiseaux, tous morts !
Mon frère, souviens-toi ! Sans pitié, sans remords,
Les traitant de menteurs, et, la mémoire brève,
Oubliant que jadis y chanta notre rêve,
Nous les avons tués, jeté leur plume au vent.
Morts ! Tous morts ! Et le rêve en nous toujours vivant
N'a plus de voix, et geint dans l'horreur ridicule
D'être le sourd-muet qui grogne et gesticule.
Que dit-il, que veut-il, l'affreux déshérité ?
A qui demande-t-il, de quoi, la charité,
Avec sa main tendue et sa bouche écumante ?
Est-ce un regret, est-ce un désir, qui le tourmente ?
Ce qu'il grogne et ce qu'il gesticule, pourtant
C'est quelque chose ; car on le voit, on l'entend ;
On voit des pleurs rouler, lourds, sur sa face pâle ;
On entend des sanglots dans sa gorge qui râle ;

On devine, à travers son obscur bégaiement,
Qu'il a des mots à dire, et désespérément.
A coup sûr, ce n'est plus l'hymne à l'extase folle
Qui vers les paradis religieux s'envole
En lançant à la terre un délectable adieu
Pour monter s'abîmer au sein même d'un Dieu.
A ces paradis-là peu d'âmes croient encore.
Ames d'enfants, que leur naïveté décore
Et que j'ai pu blesser naguère en blasphémant,
Je leur demande ici pardon très humblement
Et peut-être en secret que je leur porte envie.
Mais quoi ! La route est longue où leur foi nous convie ;
Pour y marcher vers des horizons radieux,
Il faut en voir le bout, et nous n'avons plus d'yeux.
Des paradis tout près, sur le bord de la route,
Semblables à l'auberge où l'on casse une croûte,
Où l'on fait dans l'étable un somme sur le foin,
Voilà les paradis dont nous avons besoin,
Voilà ce qui convient le mieux, avant qu'il crève,
A l'infirme, à l'errant, au gueux qu'est notre rêve.
Comment, rien de plus ? Rien. Pas même, ô sourd-muet,
Le vœu qui, dernier-né, dans ton cœur remuait
Quand, le front lumineux, les yeux visionnaires,
Sur son buccin d'archange où roulaient des tonnerres
Hugo sonnait à notre espoir ressuscité
La diane de paix et de fraternité.

Hélas ! même ce vœu de nos récentes fièvres,
A peine il tremble encor, sourd-muet, sur tes lèvres.
Au sonneur de diane on a sonné son tour
De partir ; et depuis, personne sur la tour,
Pour nous donner par son auréole en couronne
La rose illusion de l'aube qu'il claironne.
L'âge d'or qu'on croyait voir poindre aux lointains bleus,
Avec l'autre âge d'or, l'ancien, le fabuleux,
S'évanouit déjà dans l'ombre légendaire.
Sa Grande-Ourse n'est plus qu'un vague lampadaire
Très pâle et que la nuit ronge. Nous essayons
D'en distinguer encor quelques furtifs rayons,
Une vibration de lumière qui tinte ;
Mais bientôt va sombrer l'ultime étoile éteinte.
A ce paradis-là, quand même, plus humain
Et plus proche, car on l'annonçait pour demain,
Au paradis vers qui l'on marche et l'on progresse,
Subsistent des dévots ravis. Leur allégresse,
Toute folle qu'elle est, m'est enviable aussi.
Mais quoi ! Si devant moi le ciel s'est rétréci,
Si je ne le vois plus, leur labarum polaire,
Si pour le retrouver et qu'il me rééclaire
Il faut encore, ainsi qu'ils le disent, marcher,
Gravir deux ou trois monts de rocher en rocher,
Et si je suis à bout, si je tombe à mi-côte,
Si j'ai sommeil, sommeil, sommeil, est-ce ma faute ?

Et, voulant le repos, ne puis-je à moins de frais
Chercher mes paradis plus près, toujours plus près ?
C'est lâche, oui, je le sais. Mais fais-tu le contraire,
O souffrant, fatigué, fourbu, rompu, mon frère,
Triste cadet du siècle en deuil qui va finir
Sans voir du passé mort renaître l'avenir ?
Ah ! combien notre rêve est sobre d'espérances !
Du pain rassis, de l'eau, des restes, même rances,
Quelques sous, par hasard la piécette d'argent
Pour se soûler, cela suffit à l'indigent.
Ainsi faut-il à nos fringales peu gourmandes.
Ce n'est plus le bonheur parfait que tu demandes,
Mais un bonheur quelconque et fait le plus souvent
De ne pas trop sentir que l'on meurt en vivant.
S'il nous revient parfois au cœur une bouffée
Des grands vœux d'autrefois, elle est vite étouffée.
A quoi bon ? Ce n'est plus la brise de printemps
Qui gonflerait ce soir nos drapeaux de vingt ans
Et les ferait claquer sur un rythme de fête ;
Ce serait un soupir de honte et de défaite.
Les cocardes d'antan ont fui de nos chapeaux,
Et dans les plis flétris de nos anciens drapeaux,
Que nous devions planter sur les terres promises,
Pour nos culs de vaincus nous taillons des chemises.
Ainsi, neutres, épris d'un idéal épais,
Nous réclamons, sans plus, un peu de morne paix,

Et de pouvoir cuver dans un sommeil sincère
Quelque ivresse à bas prix sur nos lits de misère.
Que l'existence, avec ses regrets, ses chagrins,
Nous offre encor par-ci par-là des jours sereins ;
Que ce désert de loin en loin ait des mirages ;
Qu'on y fasse l'aumône à nos lâches courages,
Aumône d'amitié, d'amour, d'illusions ;
Que parfois à ces puits en passant nous puisions
Et que nos gorges pour une heure en soient plus fraîches ;
Qu'il reste un brin de fleur au foin sec de nos crèches
Et que ce brin resté nous rende en ses parfums
L'ancienne éclosion de nos avrils défunts ;
Amère, mais avec un rien qui l'édulcore,
Que la vie en un mot nous soit vivable encore ;
Tels sont les paradis, les pauvres paradis,
Qui ne nous semblent pas trop loin, trop interdits,
Et les seuls où sourie un vague espoir de trêve
Pour l'obscur sourd-muet qui geint dans notre rêve.
J'ai compris sa détresse et, lui prenant la main,
Vers ces paradis-là j'ai cherché le chemin.
Si j'ai su les trouver, tels quels, vaille que vaille,
Je n'en suis pas plus fier, car mince est la trouvaille ;
Et je n'exige pas d'un air conquistador
Que mon nom glorieux flamboie en lettres d'or
Sur cette Amérique, humble, hélas ! et bien ancienne
Puisque tout homme en soi peut découvrir la sienne.

VIATIQUES

Je n'exige pas même en retour un merci.
Tout ce que je désire, ô frère, le voici :
C'est qu'en mes vers loyaux loyalement tu voies
La bonne volonté qui par toutes les voies
Guida mes pas vaillants et mes regards tendus
Pour te rendre un lopin des paradis perdus.

II

AUTRE SALUT

Mais ne prenons pas non plus
L'air trop modeste, que diantre !
Pas de marmiteux saluts
    A plat ventre !

Pas d'aveux flûtant ceci :
« J'ai tort d'oser ce que j'ose.
« Ça que je vous offre est si
    « Peu de chose ! »

Pas un ton d'humble bedeau
De qui l'*oremus* glouglotte,
Pendant qu'il tend au cadeau
    Sa calotte !

Moi, cafard, l'œil en dessous,
A toi, lecteur, dure engeance,
Moi, mendier des gros sous
    D'indulgence!

Moi, devant toi, le tyran,
Moi, m'aplatir en cloporte !
Comme si c'était du bren
    Que j'apporte !

Allons donc ! C'est tout mon cœur
Et c'est toute ma pensée ;
C'est dix ans d'âpre vigueur
    Dépensée,

Et dépensée âprement,
Largement, sans frein, sans digue,
Sans compter un seul moment,
    En prodigue ;

C'est tous mes désirs qui vont,
D'une irrésistible envie,
Partout et toujours au fond
    De la vie ;

C'est, parmi tous les écueils
De cette vie en alarmes,
Les rires de mes orgueils
  Et leurs larmes;

Dans cette vie en périls
C'est tout l'essor de mes transes
Vers l'annonce des Avrils
  D'espérances;

C'est tous les Eldorados
Dont le songe me console
De voguer sur des radeaux
  Sans boussole;

C'est, quand au vent mes cheveux
Claquent comme des écoufles,
Dans les clairons de mes vœux
  Tous mes souffles;

C'est tous mes rêves cherchant,
Fût-ce en folles équipées,
A fleurir, fût-ce au tranchant
  Des épées,

Fût-ce en fleurs rouges, en fleurs
Où tout mon sang vienne éclore,
Mais où flambent les couleurs
    D'une aurore;

C'est tout cela, tout cela,
O lecteur, que je te livre;
C'est tout moi qui ruissela
    Dans ce livre;

C'est, qu'il soit bon ou mauvais,
De tout moi, de tout mon être,
Frère cruel, que je vais
    Te repaître.

J'ai donc bien le droit, lecteur,
D'avoir l'altière et sereine
Vertu d'un gladiateur
    Dans l'arène.

Sûre d'être, jusqu'au bout
Comme à l'abord, résolue,
Toute ma fierté debout
    Te salue;

Mais c'est sans te courtiser,
Empereur des jeux funèbres
Pour qui je m'offre au baiser
 Des ténèbres.

L'*Ave Cæsar* qu'il te faut,
Je le lance digne et grave,
A voix pleine et le front haut,
 Comme un brave.

Que le geste de tes doigts
Me soit la fourche ou la palme,
J'aurai fait ce que je dois,
 Je suis calme.

Avec grâce, en beau guerrier,
Je tomberai, si je tombe,
Pour qu'on plante un vert laurier
 Sur ma tombe.

Tout le reste m'est égal,
Ma conscience étant sauve.
A présent, prends ton régal,
 Bête fauve !

Que peut m'importer, mon cher,
Ou ton blâme ou ta louange ?
Voici mon sang et ma chair.
    Bois et mange.

III

LA PRISONNIÈRE

Aux vaporeux créneaux des nuages mouvants
La princesse accoudée en pleurant me regarde.
Pour vaincre les dragons qui vous ont sous leur garde,
Voilà-t-il pas un beau chevalier, sans suivants !

Il en viendra, princesse, et j'ai pris les devants.
Si ma mine d'ailleurs vous semble un peu hagarde,
C'est que mon casque porte une étrange cocarde
Où l'arc-en-ciel noué tient la rose des vents.

Bon ! Vous riez de moi, maintenant, ô jolie.
Vous me jugez un fou. Soit ! J'aime ma folie,
Puisque c'est elle qui me fait, seul, sans seconds,

Avec mon espérance en loques pour bannière,
Assaillir le château gardé par des dragons,
Le château de vos longs ennuis, ô prisonnière !

IV

LES TROIS FEUX

Les dragons ne sont pas si mauvais que tu crois,
O Princesse. A me voir qui risque la partie,
Ils ont miséricorde et presque sympathie
Envers si riche audace en si pauvres arrois.

Et donc à ma rencontre il en est venu trois
M'apporter des joyaux de sagesse sertie
Dans du houx, de l'ajonc, des ronces, de l'ortie.
Le premier était vieux avec des yeux très froids.

Le deuxième était jeune avec des yeux de flamme.
Le troisième semblait n'avoir plus rien que l'âme ;
Ses yeux étaient crevés et pourtant grands ouverts.

Et de leurs trois joyaux, quand mon poing se soulève,
Étincellent les feux, pâles, rouges, et verts,
Que sème dans la nuit le pommeau de mon glaive.

V

LE PÂLE

Si tu dis que la vie est un bouquet de fleurs,
Tu te trompes. L'épine est toujours sous la rose ;
Le fruit cache souvent un ver ; et la chlorose
Ronge parfois les yeux les plus ensorceleurs.

Mais ne dis pas non plus qu'il n'y ait que douleurs.
Il n'est point de désert que le printemps n'arrose ;
Des plaisirs imprévus suivent l'instant morose ;
Même la maladie et la mort ont les leurs.

Jouis donc de ces biens, quels qu'ils soient, en rapine.
Ôte le ver du fruit ; prends la fleur sur l'épine ;
Aime les femmes sans leur demander d'amour.

Vois ce coq, et l'imite. Il va, vient, cherche et trotte,
Travaillant des ergots et du bec tout le jour,
Pour trouver quelques grains dans un amas de crotte.

VI

LE ROUGE

Profite des hasards au rire bénévole.
Prends les bonheurs sans voir quels caprices les font.
Pendant que cette neige entre tes doigts se fond,
Serre-la fortement comme un trésor qu'on vole.

Donne-toi tout entier à l'heure si frivole ;
Et, sachant de quel pas les minutes s'en vont,
Tâche au moins de jouir à plein cœur, jusqu'au fond.
De celle qui te baise en passant et s'envole.

Songe que cet instant n'aura pas de jumeau,
Qu'on ne se baigne pas deux fois dans la même eau
Et que l'occasion morte ne peut renaître.

Donc, avant qu'elle tombe au gouffre universel,
Dans ce baiser furtif fais tenir tout ton être
Ainsi que l'Océan tient dans un grain de sel.

VII

LE VERT

D'ailleurs, si les instants aux galops furibonds
Passent devant tes mains d'un train tellement vite
Que tu ne puisses dans leur fuite qui t'évite
En arrêter aucun par l'aile de ses bonds,

Il te reste ceci pour t'en créer de bons :
Rêve qu'autour de toi le monde entier gravite.
Il te viendra tous les atouts à cette invite.
Transforme en diamants toi-même tes charbons.

L'illusion suffit au fou qui s'en contente.
De ton linceul, ô mort, fais-toi comme une tente
Au dôme illuminé de tes enchantements.

Sans doute ta raison qui bientôt se rebelle
A cette illusion saura dire : « Tu mens ! »
Mais l'heure ainsi vécue a quand même été belle.

VIII

MAGIE

Et maintenant, ô toi que le château méchant
Tient captive et vers qui je veux m'ouvrir passage,
Princesse dont l'absurde et merveilleux corsage
Unit les lys de l'aube aux roses du couchant,

Princesse des bonheurs qu'on crée en les cherchant,
Apprends, si je suis fou, que ma folie est sage ;
Car j'ai fait, bon sorcier, un long apprentissage
Des évocations par le verbe et le chant ;

Je sais l'art de saisir et d'incarner les rêves,
L'art de jeter sur les visions les plus brèves
L'image au filet d'or qui les fixe à jamais ;

Et pour changer soudain en tapis de corolles
Les plus mornes déserts, les plus chauves sommets,
Je connais le secret des magiques paroles.

IX

EXEMPLE

Vie !... Orde mendiante, œil qui guette en dessous,
Rampements de limace ou de chienne qu'on rosse,
Nez qui coule, menton baveux, cheveux en brosse,
Main griffue et jaunie à la sueur des sous,

Te voilà ! Mais de tant d'horreurs, moi, je t'absous.
Je te veux belle, riche, admirée et féroce,
Et Bucéphale avec Pégase à ton carrosse.
Viens, toi qui fais lever le cœur aux hommes soûls ;

Viens, misérable ; viens, infirme ; viens, pauvresse.
Tu mangeras l'orgueil et tu boiras l'ivresse.
J'en suis le panetier et j'en suis l'échanson.

C'est Dante, par ses vers, qui créa Béatrice.
Viens ! je t'habillerai du vent de ma chanson
Et tu resplendiras comme une impératrice.

X

LE BON VIN

J'ai lu chez un docteur chrétien, fin raisonneur,
Que le tout premier pas dans le sentier oblique,
Loin du salut, se fait dès l'instant qu'on s'applique
A chercher dans la vie, ici-bas, le bonheur.

« Y souffrir est, dit-il, notre lot, notre honneur.
« Péché, de se soustraire à l'arrêt sans réplique !
« Y rêver même, c'est déjà diabolique,
« C'est prendre goût au vin du vieil empoisonneur. »

Nous qui ne croyons plus à ton ciel peuplé d'anges,
Docteur, nous en cuvons nos plus belles vendanges
Et nous nous en soûlons, de ce vin défendu,

Sans peur, puisque ton ciel nous est inaccessible,
D'avoir pour dernier dieu le Maître au pied fendu,
Le seul qui parle encor d'un paradis possible.

XI

L'INCARNATION DU DIABLE

De mes blasphèmes rugis,
Contre l'irrémédiable
Tu repris corps et surgis,
    O Diable !

Je sais bien que tu n'es rien,
Bulle aux couleurs de mensonge
Qu'enfle en spectre aérien
    Mon songe.

Je sais que d'un regard clair
Je puis crever mon ouvrage
Et qu'il se fondrait en l'air,
    Mirage.

Mais toi sur qui j'ai ces droits,
Je te vois vivre quand même.
Que ce rien soit, oui, j'y crois.
    Il m'aime.

Il m'aime, étant mon enfant,
Moi-même meilleur et pire
En qui demain triomphant
    Respire.

Il est l'éclair aux sommets
De mes haines entassées.
Il est l'accoucheur de mes
    Pensées.

Il est toute ma rancœur
De l'impénétrable arcane,
Tout mon orgueil qui, moqueur,
    Ricane,

Tous mes sanglots d'orphelin,
Tous les pleurs de mon visage.
Il est aussi le Malin,
    Le Sage.

Il est mes vœux batailleurs
Dont le vent partout, n'importe,
Pourvu que ce soit ailleurs,
 M'emporte.

Il est, quand flongent mes pas
Las de trimer sans relâche,
Celui qui dit : « Ne sois pas
 « Si lâche ! »

Il est celui que j'entends
Me crier dans les vacarmes
Des clairons réconfortants :
 « Aux armes ! »

Il est celui, quand ma peau
Ouvre au fer de rouges lèvres,
Qui te brandit, ô drapeau
 Des fièvres,

Drapeau des rébellions,
Drapeau de nuit où s'essore,
Illuminant tes haillons,
 L'aurore.

Il est celui qui, debout,
Seul dans les pires déroutes
Montre la revanche au bout
    Des routes.

Il est le maître éloquent
Qui promet l'apothéose
Quand on la veut bien et quand
    On l'ose.

Il est l'invaincu souffleur
D'espoirs, le semeur de trêves,
Et votre suprême fleur,
    Mes rêves !

C'est pourquoi, malgré l'émoi
De ma raison révoltée,
Je lui reste dévot, moi,
    L'athée.

Tel j'y croyais enfant, tel,
Homme fait, j'y crois encore.
Toujours en moi son autel
    Fulgore.

Athée à toutes les Fois !
La sienne, rien ne l'efface.
Toujours dans mon cœur je vois
    Sa face.

Toujours, dès que je descends
En moi-même, il m'y regarde
De ses yeux phosphorescents
    Qu'il darde.

Et lui, moi, je nous confonds
En réelle allégorie,
Si bien que lorsqu'au tréfonds
    Il crie,

J'ai l'illusion parfois
D'avoir son âme dans l'âme
Et que c'est ma propre voix
    Qui clame ;

Je trouverais hasardeux
En formulant sa vindicte
De juger qui de nous deux
    La dicte ;

Et de la sorte, sans art
De rhétorique, sans leurre,
Rien qu'à rimer au hasard
  De l'heure,

O spectre, ô Diable, souvent
J'ai cru, subtil ou superbe,
Exprimer ici, vivant,
  Ton verbe.

XII

SUBTILITÉS

Pour aller me noyer je marchais vers la grève.
« Bah ! faisais-je, la vie est longue et la mort brève.
« Et puis, en fin de compte, on ne meurt qu'une fois !
— En es-tu sûr ! » me dit soudain l'étrange voix
Qui me répond tout bas quand je suis solitaire.
Ce mot mystérieux me cloua contre terre.
Et, doucement, la voix reprit : « Ne sais-tu pas
« Que vivre, en vérité, c'est mourir pas à pas ?
« Songe qu'au sablier du temps tombe le sable
« Et qu'en tes poings serrés il coule insaisissable
« Sans qu'à nul des moments qui semblent les plus tiens
« Tu puisses jamais dire : Arrête, je te tiens !
« Songe que le présent se sauve à la même heure
« Qu'il arrive, fuyard qui n'a point de demeure.

« Regarde autour de toi vers quel lointain sans fond
« Les choses et les faits et les êtres s'en vont,
« Peuple nomade qui, tandis qu'on le dénombre,
« Disparaît, ne laissant rien, pas même son ombre.
« Songe aux amis perdus, songe aux amours trahis,
« Songe à tant de tombeaux par la mousse envahis
« Et qui font de ton cœur un vaste cimetière.
« Regarde en toi, quels flots d'idée et de matière
« A travers ton esprit et ta chair ont passé
« Et dont ton souvenir obscur est l'*in-pace*.
« Dans cette catacombe essayons de descendre.
« Les yeux sont aveuglés aux tourbillons de cendre
« Que nos pas font jaillir du désert ténébreux.
« Que de gens abolis ! Comme ils sont peu nombreux
« Ceux que nous évoquons de ce vieil ossuaire !
« Combien dont tu ne peux, en levant leur suaire,
« Te rappeler l'image et dire encor le nom !
« Combien dont tu ne sais plus rien de rien, sinon
« Qu'ils ont vécu ! Pourtant, tous ces pâles fantômes,
« C'est toi ; c'est par ton cœur qu'ont roulé leurs atomes ;
« Ce qu'ils sentaient alors, c'est toi qui l'as senti,
« Quelque ancien toi, depuis longtemps anéanti,
« Que ton toi d'à présent n'ose plus reconnaître.
« Parmi tous ces défunts qui formèrent ton être,
« Cherche-toi dans toi-même, et vois sous quels oublis
« Les vivants que tu fus dorment ensevelis.

« Et c'est la mort que tu désires ! Mais ton rêve
« Est tout réalisé, mourant qui meurs sans trêve,
« O toi dont chaque instant est aussitôt jadis,
« Toi dont chaque soupir chante un *de profundis !*
« Va, si la mort te plaît, bois, ta coupe en est pleine.
« Mais au lieu de vouloir la vider d'une haleine,
« Bois-la par petits coups, fais durer ton plaisir,
« Bois-la comme un bon vin qu'on savoure à loisir,
« Vieux, rare, et que son prix su rend plus délectable.
« Les yeux extasiés, les coudes sur la table,
« Bois comme un sage et non comme boit le bétail.
« Consume ainsi ta vie à mourir en détail.
« Que la mort longuement, goutte à goutte, t'enivre.
« La meilleure des morts, c'est de se laisser vivre. »

XIII

LA BOUSSOLE

C'était ce qu'on appelle un crime. A le commettre
J'hésitais... « Pourquoi donc ? » me cria le vieux Maître.
« — Les suites en seront terribles. — Qu'en sais-tu ?
« Fais le mal par malice et le bien par vertu,
« Rien de mieux ! Mais vouloir que ta raison calcule
« Tout ce qui peut germer d'un fait, c'est ridicule.
« Le plus fin déducteur entre les plus experts,
« C'est moi, n'est-ce pas, fils ? Eh bien ! moi, je m'y perds,
« Et souvent, ignorant ce qu'il faut que je fasse,
« Pour choisir un parti je joue à pile ou face.
« Les suites dépendront du hasard opportun ;
« Mais le point de départ, bien ou mal, c'est tout un ;
« Et le meilleur comptable userait ses lunettes
« A prévoir un bilan et des balances nettes

« Dans ce doit-et-avoir infinitésimal
« Où le mal sort du bien comme le bien du mal.
« Contre ces chances-là nul ne se met en garde.
« Si tu ne m'en crois pas sur parole, regarde. »

★

Sa dextre évocatrice aux doigts magnétisant
S'imposait à mon front dans un geste pesant,
Et sous une lueur d'éclair, sinistre et brève,
Devant mes yeux hagards surgit ce double rêve.

★

    Dans un désert plein d'ossements,
    De pourriture et d'excréments,
    Une ombre était agenouillée,
    Une ombre triste, aux regards morts,
    Le cœur sanglotant de remords,
    La tête de cendres souillée.

    Dans un jardin plein de rosiers,
    De fruits, d'oiseaux extasiés,
    Allait une autre ombre, vêtue

De clair soleil et de printemps,
Une ombre aux regards éclatants,
Aux attitudes de statue.

Pourtant la plus noire des deux
Était celle-ci. Bas, hideux,
Son visage à la peau blêmie
Suintait comme un mur de prison.
Son nez puait la trahison.
Sa bouche bavait l'infamie.

L'autre, au contraire, sous ses pleurs
Avait des yeux comme des fleurs,
Des fleurs douces, bien que fanées.
Ses lèvres distillaient le miel.
D'une auréole d'arc-en-ciel
Ses tempes étaient couronnées.

Et de même leurs cœurs ouverts.
L'un, le joyeux, grouillant de vers.
L'autre, le triste, une corbeille
Aux aromes chauds et subtils
Où volaient sur l'or des pistils
Et le papillon et l'abeille.

Celui que le malheur frappa
Se lamentait. « Meâ culpâ !
« Las ! Hélas ! Qui m'eût dit naguère,
« Pauvres gens, que je vous trompais !
« Je crus vous apporter la paix,
« Et par moi l'on vous fit la guerre.

« J'étais le bon pasteur pourtant,
« Celui qui veut paître en chantant
« Son troupeau dans les herbes fraîches.
« En mon nom l'on vous a saignés,
« Agneaux que j'ai faits résignés
« Par l'espoir des célestes crèches.

« Vous avez, suivant mes leçons,
« Laissé votre laine aux buissons.
« Mais loin de mes sentes fleuries
« On vous a, le long des trottoirs,
« Conduits aux rouges abattoirs
« Et débités aux boucheries.

« Sans moi, sans mon espoir trompeur,
« Contre les forts qui vous font peur
« Vous vous seriez unis, sauvages ;

« Et vous n'auriez pas lâchement
« Subi pour un rêve qui ment
« Vos dix-huit siècles d'esclavages.

« Pardon, ô frères que j'aimais.
« Ne vous courbez plus désormais.
« Redressez-vous, la tête altière.
« Les mots de douceur que j'ai dits
« N'ont pas rouvert le paradis.
« C'étaient des clefs de cimetière.

« Malheur à moi ! Car c'est en vain
« Que j'ai versé mon sang divin.
« On en a fait un pus immonde
« Dont le flux pestilentiel,
« Corrompant la terre et le ciel,
« A semé la mort sur le monde.

« Malheur à moi ! Dans mon linceul
« Je ne me suis pas couché seul ;
« Mais j'ai, conviant à ma table
« Le pauvre et le déshérité,
« Crucifié l'humanité
« Aux bras de ma croix lamentable. »

Et Jésus, déçu de ses vœux,
Pleurait, s'arrachait les cheveux,
Eût voulu crever ses prunelles
Pour ne plus contempler le mal
Qu'engendra le flot baptismal
De ses charités criminelles.

Mes yeux se tournèrent soudain
Vers l'hôte du joyeux jardin
Plein de roses et de mésanges.
Je le vis, radieux, s'asseoir
Sur un trône au dais d'ostensoir
Autour duquel chantaient des anges.

Les anges chantaient : « Hosanna !
« Louange à lui ! Dieu lui donna
« L'heur d'accomplir la prophétie !
« Honneur au martyr clandestin
« Qui d'un mot changea le destin,
« D'un geste sacra le Messie !

« Gloire sur terre et dans les cieux,
« Gloire à son forfait précieux !
« Et que partout on le renomme,

« Le bon traître qui vint poser
« Aux lèvres du Christ un baiser,
« Héros qui fit un dieu d'un homme ! »

Et l'apôtre aux trente deniers,
Celui près de qui les charniers
Fleurent le benjoin et la myrrhe,
L'être à qui Caïn dit : « Va-t'en »,
Le bas scélérat que Satan
Pour sa scélératesse admire,

L'infâme au cœur si ténébreux
Que les plus gangrenés lépreux
N'en voudraient pas pour leur étable,
Judas, le crachoir des mépris,
Recevait, triomphant, le prix
De son crime ainsi charitable.

Je vis que ce lys lumineux
Avait pour racines les nœuds
D'une charogne aux sucs funèbres,
Tandis que du beau lys premier
La chair en liquide fumier
Devenait un lac de ténèbres.

Je compris qu'ils étaient tous deux
Les jouets du sort hasardeux,
Trompés dans leurs vœux l'un et l'autre;
Puisque le mal était venu
Du divin rêveur ingénu,
Et le bien de l'immonde apôtre.

★

La double vision alors s'évanouit,
Tandis qu'on ricanait près de moi dans la nuit.

★

« Maître, de quoi ris-tu ? — De toi, pauvre imbécile.
« Tu crois avoir compris, donc ? — Dame ! C'est facile.
— Et te voilà pour lors dûment persuadé
« Qu'il n'est ni bien ni mal, que tout est coup de dé ?
— Certes, puisque je vois que nul ne sait d'avance
« Avec quels avenirs il est de connivence.
— Et ta conclusion ? — Vivre en pur animal
« Sans distinguer le vrai du faux, le bien du mal.
— Ta raison s'y refuse. — Et si je la fais taire ?
— Impossible ! A tout acte elle ouvre un inventaire,
« Examine, compare, et l'avant, et l'après,
« Puis juge, et, qu'on le veuille ou non, rend des arrêts.
— Mais ces arrêts sont vains, si je ne les écoute.

— Mais quand même tu les entends, coûte que coûte,
« Et pour prendre un parti tu dois en faire emploi.
— Je veux savoir alors s'ils ont force de loi,
« Sur quel principe leur autorité se fonde.
« Qu'une étoile s'allume en cette ombre profonde !
« Car j'ignore où je suis et j'ignore où je vais.
« Si le mal sort du bien et le bon du mauvais
« Et qu'un enchaînement illogique les mène,
« Il n'est donc point de pôle à l'énergie humaine ?
« Je n'ai plus qu'à flotter, bateau battu des vents,
« Sans boussole, parmi flux et reflux mouvants.
« Ah ! sûr que nulle part on ne peut jeter l'ancre,
« Pourquoi ne pas couler à pic dans ces flots d'encre ?
— Fais, si le cœur t'en dit. Pourtant, ouvrir les yeux
« Et tâcher, malgré tout, d'y voir clair, vaudrait mieux.
— Comment, maître ? — Eh ! parbleu ! Regarde. Tout à l'heure
« Je t'ai montré Judas ravi, Jésus qui pleure.
« Mais quoi ! L'un, ce triomphe, et l'autre, ces remords,
« Les ont-ils donc connus au moment qu'ils sont morts ?
« Avec les suites dont leur acte est l'origine
« Toi seul fis ce tableau que ton rêve imagine
« Et que t'ont suggéré mes arguments subtils.
« Mais, eux, qu'éprouvaient-ils ? Comment se jugeaient-ils ?
« Quelle fut pour chacun la suprême pensée
« Sur laquelle au néant leur âme s'est lancée ?
« Voilà ce qu'il faudrait connaître. Tout est là.

4.

« Jésus eut-il fiance au ciel qu'il révéla ?
« Judas s'estima-t-il traître ? Leurs agonies
« Eurent alors l'extase ou la peine, infinies.
« Car la brève minute où l'être se déprend
« Contient tout l'infini dans son choc fulgurant,
« Et pour la prime fois l'ombre qui vous enserre
« Resplendit à ce coup d'une lueur sincère.
« Or, à cette lueur, loin de l'Agneau vendu
« Judas se condamnait puisqu'il s'était pendu,
« Et Jésus, pour remplir l'Ecriture à la lettre,
« Se laissait mettre en croix, Dieu, puisqu'il croyait l'être;
« Et de la sorte, *en vérité je te le dis,*
« L'un se fit son enfer, l'autre son paradis.
— O patron, maître des meilleures éloquences,
« Je comprends. L'acte en soi n'est rien. Les conséquences
« Ne sont rien. Et le tout, c'est d'avoir en effet,
« Entière et de plein cœur, la foi dans ce qu'on fait. »

*

Et j'ouïs le Malin me souffler à l'oreille :
« Fils, tu l'as maintenant, ta boussole. Appareille ! »

XIV

DERNIERS AVIS

Fils, dit le Maître, écoute encor,
Au lieu, tout en larguant tes toiles,
De boire le vin des étoiles
Pour te verser un *sursum cor !*

Muni de ma sûre boussole,
Ta route, à présent, cherche-la.
Cherchant d'ici, cherchant de là,
L'espoir d'enfin trouver console.

Surtout ne te mets en émoi
Si ta quête est très longtemps vaine.
De bons avis je suis en veine ;
Mais ne compte pas trop sur moi.

Le conseil « me suive qui m'aime »
N'est pas le mien. Va librement,
Seul. Rien ne vaut l'enseignement
Qu'ainsi l'on se donne à soi-même.

Va devant toi, sans parti pris,
Sans méfiance, à l'aventure,
Où te poussera ta nature.
Et goûte à tout. Tout a son prix.

Cueille fleurs et fruits au passage.
Respire-les et mange-les.
Instruis ton flair et ton palais.
S'empoisonner parfois rend sage.

O cœur qui bats, ô sang qui bous,
De toi ne sois pas économe.
Il faut user, pour être un homme,
La chandelle par les deux bouts.

Au hasard de toute rencontre
On doit se donner tout entier.
Voir où conduit chaque sentier,
Suivre le pour, suivre le contre.

Fuis ceux qui crieront sur tes pas :
« Point de passions ! Point de zèles ! »
S'ils veulent te couper les ailes,
Ces malins, c'est qu'ils n'en ont pas.

Toi, sers-t'en. Fais le tour du monde.
Donne au firmament un baiser.
Puis à terre viens te poser.
Connais le pur, connais l'immonde.

On ne saurait monter trop haut,
Trop bas on ne saurait descendre.
A feu plus clair plus blanche cendre !
L'excès en rien n'est un défaut.

Ce que les choses ont en elles,
Leur aboutissement fatal,
L'excès le met sur un étal,
Net à vos myopes prunelles.

D'ailleurs, certains ont des appas.
L'excès du rosier, c'est la rose.
Le vers est l'excès de la prose.
Excès du sommeil, le trépas.

Sois donc excessif. De la serre
Passe au glacier. Sois floraison
Et de blasphème et d'oraison.
Mais, exalté, reste sincère.

Et ne te crois pas un bandit,
Un infâme, si, de fortune,
Parlant selon l'heure opportune,
Toi-même tu t'es contredit.

Pascal a mis les Pyrénées
Entre deux vrais se combattant.
Il n'en fallait fichtre pas tant !
O duels, batailles acharnées,

Combats sans vaincu ni vainqueur,
Égorgements entre des frères,
Tournois des vérités contraires,
Leur champ-clos est ton propre cœur.

Chante-la d'une voix hardie,
Cette guerre de tout moment,
Et chante aussi loyalement
L'ode que la palinodie.

Rien n'est faux pendant qu'on y croit ;
Rien n'est vrai pendant qu'on y pense ;
Mais à la fin tout se compense,
Car l'envers ressemble à l'endroit.

C'est de tous ces lambeaux d'étoffe,
Blancs, noirs, bleus, jaunes, rouges, verts,
Cousus à l'endroit, à l'envers,
Qu'est fait l'habit du philosophe.

Mets-le bravement sur ton dos,
Et devant ses loques bouffantes
Laisse aboyer les sycophantes
Et bouche-béer les badauds.

Les plus doux trouveront peu digne
Ce bariolis d'Arlequin,
Et l'imbécile et le coquin
Y voudront des feuilles de vigne.

Sans peur de salir cet égout,
Compisse gaîment les guérites
Où les sots et les hypocrites
Montent la garde du bon goût.

En revanche, sois charitable
A ceux qui cherchent en pleurant.
Les agneaux que la nuit surprend
Reconduis-les à leur étable.

Que ta main porte en tout chemin
La lanterne de Diogène,
Et pour écarter qui te gêne
Tiens sa trique de l'autre main.

Mais ne perds pas en vaines luttes
Ni vaines charités le temps.
Car les jours marchent, haletants,
Au son des tambours et des flûtes.

Marche aussi. Ne t'arrête pas
Pour répondre au fou, s'il te tape,
Non plus pour soigner à l'étape
Les blessés voisins du trépas.

Aux noyés ne tends pas des perches.
Ne mets point aux aveugles-nés
Des lunettes dessus le nez.
C'est le possible que tu cherches,

C'est le bonheur. Je te promets
Qu'il est trouvable, et sans mystère,
Et pas bien loin, et sur la terre.
Où ? Dans les trous ? Sur les sommets ?

Par la sagesse ? La débauche ?
C'est ton affaire. Prends loisir
D'essayer avant de choisir.
Essaie à droite, essaie à gauche.

Tes pieds seront estropiés
A tant courir, la chose est sûre.
Mais c'est à changer de chaussure
Qu'on trouve chaussure à ses pieds.

Tu vas dire que je radote,
Que je suis un birbe accompli.
D'accord, mon fils ! Mais de l'oubli
Le radotage est l'antidote.

Je t'aurai si bien rabâché
D'aimer la chose et son contraire
Que rien ne te pourra distraire
De ce conseil en toi fiché.

Ris, si tu veux, hausse l'épaule !
N'importe ! Écoute cependant.
Dans l'ombre où tu vas te perdant
Garde ce conseil comme un pôle.

Sans doute ce n'est pas d'un coup
Ni par une route très brève
Qu'il te mènera vers ton rêve.
Tu devras voyager beaucoup.

Tu connaîtras d'âpres traverses ;
Tu n'auras pas force repos ;
Mais le soleil tanne les peaux,
Et ça les lave, les averses.

Il faut l'embrun, le sel amer,
Et la bonace après l'orage,
Et faire plusieurs fois naufrage,
Quand on veut être un loup de mer.

Et quand c'est la terre future
Qu'on cherche sous de nouveaux cieux,
Il faut aux vents capricieux
Ouvrir sa voile d'aventure.

Va donc ! Sur ces flots incertains
Que ta barque en tous sens ballotte,
Et prends tour à tour pour pilote
Chacun de tes libres instincts.

Et crois en eux car tout arrive,
Car ces conquistadors sans art,
Eux seuls, à la fin, par hasard,
Même en voguant à la dérive,

Dans les remous des contredits
Trouveront la route perdue
Qui fait surgir de l'étendue
Vos îles d'or, ô Paradis !

DANS LES REMOUS

I

Au gouffre mouvant
Qu'on vire ou dévire
Joyeux vaux-de-vire
Ou *Credo* fervent,

Fût-ce en arrivant
S'il faut qu'on chavire,
N'importe, navire,
Adieu vat! Au vent!

Croupir dans un havre
En ponton cadavre,
Non! Pare à rouler!

Partons! Deuil ou fête,
C'est de s'en aller
Que la vie est faite.

II

— Mets donc le nez dans un livre.
Vis-tu pour ne penser pas ?
Tantôt, fou, tu cours d'un pas
Si prompt qu'on ne peut te suivre.

Tantôt, tombant, las, lourd, ivre,
Tu dors, repu de repas,
Sur des corps aux gras appas.
Pauvre brute, est-ce là vivre ?

— Frère, plus que toi je vis.
De désirs inassouvis
Ma chair toujours allumée

S'use à ces brasiers ardents.
Le monde n'est que fumée.
Flambons pour voir clair dedans !

III

— Pauvre bougre, encore un livre !
Toujours ! Tu n'en finis pas.
Vois, des filles sur tes pas
Te font signe de les suivre.

Vois, de bons vins je suis ivre.
Vois, par jour quatre repas !
Trouves-tu donc tant d'appas
A penser au lieu de vivre ?

— Frère, plus que toi je vis.
Mais les vœux inassouvis
De ma cervelle allumée

S'en vont en rêves ardents.
Si je fais tant de fumée,
C'est que je flambe au dedans.

IV

Digito monstrari et dicier : hic est!

Notre immortalité n'est qu'une emphytéose.
Es-tu sûr de demain, ô grand homme aujourd'hui,
Et d'un bail éternel avec l'apothéose ?

Combien se sont éteints, dont le front avait lui
De la gloire exaltée en ce dur vers de Perse :
Être montré du doigt et qu'on dise : c'est lui !

Combien vite le peuple assemblé se disperse !
N'importe ! Espère. On sait, dans les caves du temps,
D'intarissables fûts qui sont toujours en perce

Et dont jaillit sans fin la pourpre aux flots chantants.

V

Puis, il ne s'agit pas d'éterniser ton nom,
Mais ton rêve. Des noms que la gloire répète
Aux sons de sa trompette et de son tympanon,

Ceux qu'elle enfle le plus dans un bruit de tempête
Sont les noms monstrueux des tueurs triomphants.
Renonce au tympanon, renonce à la trompette.

Que ton nom s'abolisse et meure ! Mais défends
Par le rythme immortel ta pensée éphémère.
Oh ! faire des chansons qu'apprendront les enfants,

Vers sans auteur, transmis de grand'mère en grand'mère !

VI

BALLADE PARESSEUSE

A l'œuvre ! A la peine ! Au travail !
Pas de relâche ! Pas de somme !
Sue en gros et sue en détail !
Fonds comme une boule de gomme !
Le travail est la loi de l'homme,
La dignité du genre humain !...
Mais on est plus heureux, en somme,
Quand on a du poil dans la main.

Sois paysan et mangeur d'ail,
Épicier, poète, astronome,
Pêcheur d'étrons ou de corail,
De quelque nom que l'on te nomme,
Tu n'es qu'une bête de somme,

Même toi, le pape romain,
Et rien n'est agréable comme
Quand on a du poil dans la main.

Eh ! laisse là ton attirail
Et l'affreux devoir qui te somme
De te meurtrir tant le poitrail.
Tout ça ne vaut pas une pomme.
De ta sueur sois économe,
Et couche-toi sur le chemin,
Puisque tout chemin mène à Rome
Quand on a du poil dans la main.

ENVOI

Prince, ma ballade t'assomme ?
Et moi !... C'est dur, jusqu'à demain
De chercher des rimes en omme,
Quand on a du poil dans la main.

VII

BALLADE ACTIVE

Vivre en moule sur son rocher
Te semble-t-il un sort amène ?
Non. Mieux vaut donc t'en décrocher.
L'algue qui flotte et se promène
A toute la mer pour domaine.
Comme elle, de l'Inde au Pérou,
Voyage ! L'existence humaine
Va pour aller, sans savoir où.

Marche de bon cœur, sans clocher.
Vois ; pendant la sainte semaine,
Les cloches sortant du clocher
Volent vers la cité romaine.
Et tu serais un phénomène,

De rester bloqué dans ton trou
Quand tout grouille et rien ne remaine.
Va pour aller, sans savoir où.

Prends des dadas à chevaucher,
Dût un simple chapon du Maine
T'être hippogriffe, et cours chercher
Une Chimère, une Chimène,
Fût-ce ta cousine germaine.
D'un dieu, même d'un loup-garou,
Sois le fervent catéchumène.
Va pour aller, sans savoir où.

ENVOI

Prince, vis en énergumène,
Afin de ne voir peu ni prou
Que le hasard fou qui nous mène.
Va pour aller, sans savoir où.

VIII

Le premier avait faim. Le deuxième avait faim.
Le troisième avait faim. Ainsi jusqu'à cinquante,
Et cent, et mille, et plus. « Leur misère est choquante, »
Dit un gras, attablé devant un goûter fin.

« Me déranger pour eux, c'est triste ; mais enfin !
« Soyons bon ! » Il rota, but deux doigts d'Alicante,
Puis leur fit un sermon d'une voix éloquente,
Philanthrope onctueux doublé d'un aigrefin.

Il leur prouva que les malheureux sur la terre,
Étant les plus heureux au ciel, n'ont qu'à se taire.
Avait-il tort, puisqu'il les renvoya contents,

Les yeux extasiés des bombances futures,
Et comme s'ils mangeaient aux nuages flottants
Des pains d'or tartinés de roses confitures ?

IX

« Si tu pensais aux gueux qui n'ont rien à manger,
« Tu ne t'emplirais pas la panse comme une outre... »
Dans l'œil de son voisin on la voit, cette poutre ;
Mais celle qu'on a, soi, dans l'œil, pas de danger !

On digère. Qu'un gueux vienne vous déranger,
Le premier mot est pour l'envoyer faire foutre.
Puis on se dit : « C'est mal ! » On donne, et l'on passe outre,
Non sans orgueil du sou qu'on jette à l'étranger.

Même, si le merci n'est pas d'humble attitude,
Bien vil, bien bas, mon cœur crie à l'ingratitude,
Et j'insulte le gueux qui mendie. Et pourtant,

Est-ce lui, l'ingrat ? Non. C'est moi seul, au contraire ;
Car le pauvre m'a fait l'aumône en l'acceptant,
A moi qu'il a prié comme un dieu, moi, son frère.

X

Va-t'en ! Tu n'es qu'un chien, si tu fais ton régal
Des restes mendiés qui tombent de ma table.
Quoi ! Tu veux mon aumône, et te dis mon égal !

Ah ! redresse-toi donc, grand pauvre lamentable.
Ne rampe pas ainsi sur le bord du chemin.
On te couche à l'étable !... Eh bien ! Brûle l'étable.

Ferme le poing, plutôt que de tendre la main.
Ne sois pas l'humble bête aisément assouvie.
Sois homme, sois mon frère, un fauve à mufle humain,

Et tu t'y soûleras, au festin de ma vie.

XI

Bien des bonheurs sont morts, dont j'ai cuvé l'ivresse.
O mon cœur, il en est qui nous rafraîchiront
Toujours. Rappelle-toi cette aveugle pauvresse

Qui regardait le vide avec son grand œil rond
Et dont nous consolions chaque jour la détresse
Par quelques sous gagnés aux sueurs de mon front.

J'avais moi-même alors des pitances peu grasses.
Mais quel dessert de fête à mes tristes repas,
D'entendre marmonner l'humble action de grâces

Qui bénissait mon nom et ne le savait pas !

XII

BALLADE À MANGER

Quand tu peux faire un bon repas,
Bourre-toi comme une cartouche,
Mange à ta faim. N'écoute pas
Ces délicats à l'air farouche
Qui vous font la petite bouche
Devant les larges déjeuners,
Et regardent d'un œil qui louche
Dans le trou qu'on a sous le nez.

Pour se garantir du trépas,
Pour être heureux comme une souche,
Voici la table et ses appâts :
La soupe grasse à pleine louche,
Le rôt, les légumes de couche,

Les ragoûts bien assaisonnés,
Et le vin frais qui tombe en douche
Dans le trou qu'on a sous le nez.

Vit-on sans manger ici-bas ?
Aussi bien le bœuf que la mouche,
Chacun y trouve des appas.
Le trou bâille, il faut qu'on le bouche
Sans jouer la Sainte-Nitouche.
Achetez mes rimes, tenez !
Où passera l'or, si j'en touche ?
Dans le trou qu'on a sous le nez.

ENVOI

Prince ou gueux, sage ou scaramouche,
Votre morve de nouveau-nés,
Où va-t-elle avant qu'on vous mouche ?
Dans le trou qu'on a sous le nez.

XIII

BALLADE DE LA FAIM

Oui, mange à ta faim, mange en paix.
Ta chair a droit d'être nourrie.
Fais ton devoir et la repais.
Pourtant, vois qu'en la bergerie
Par trop de luzerne fleurie
Les moutons crèvent du carreau.
Mange donc, mais sans goinfrerie.
Préfère la lame au fourreau.

Songe que, si tu t'entripais,
Ton sang vermeil, pur de scorie,
Deviendrait un liquide épais
Pareil à cette glu pourrie
Qui s'encharogne à la voirie.

Qu'il soit char et non tombereau !
C'est du fer qu'il faut qu'il charrie.
Préfère la lame au fourreau.

Les crânes, les gens à toupets,
Sont les maigres. Leur chair meurtrie
Se tale au dos des parapets.
Quelque vague charcuterie,
Voilà leur meilleure frairie.
Mais ils risquent bagne et bourreau.
Les gueux seuls ont l'âme aguerrie.
Préfère la lame au fourreau.

ENVOI

Prince, ceux dont le ventre crie
Voient rouge. Sois comme eux, taureau,
Et pour frapper dans la tuerie
Préfère la lame au fourreau.

XIV

Du bon vieux roi Soleil aventureux dauphin,
O vin, grand bâtisseur de châteaux en Espagne,
Que de fois avec toi ma gaîté fit campagne,
Sous ton drapeau de pourpre et tes harnois d'or fin !

On avait toujours soif. On n'avait jamais faim.
Tous de francs compagnons ! Et pour seule compagne
La Chanson, vivandière au cul rose et sans pagne.
Et tous, le cœur plus pur qu'un cœur de séraphin !

Car on était très doux. On ne livrait bataille
Qu'aux bouteilles. Mais comme on prenait par la taille
Ces vierges ! Comme on leur faisait des tas d'enfants !

Et comme on revenait joyeux avec la troupe
De ces beaux fils, désirs, vœux, rêves triomphants,
Que les chevaux berçaient au roulis de leur croupe !

XV

Je sais les soirs d'ivresse où l'on perd la mémoire,
Les soirs qui dans un trou rejoignent les matins,
Tandis qu'à des appels de plus en plus lointains
On répond vague, avec l'air de lire un grimoire,

Quand on se sent muré comme au fond d'une armoire,
Tandis que le cerveau, tous ses flambeaux éteints,
Dérive dans la nuit sur les flots incertains
D'un lac dont se déroule à l'infini la moire,

Lac de l'inconscience, abîme noir sans fond,
Où l'on coule, où sans bruit on descend, on se fond,
Noyé qui peu à peu disparaît, plus livide,

Jusqu'à l'heure où, l'œil mort et le rictus béant,
On s'éveille, effaré d'avoir palpé le vide
Et d'avoir mis sa bouche aux lèvres du néant.

XVI

Ivrogne, ta crapule est un vice de lâche.
Honte au pilote qui, contre l'onde et le vent
Chargé de maintenir le gouvernail, le lâche !

Honte au soldat, placé dans un poste en avant,
Et qui, pris de venette, enfile une venelle !
Honte à celui qui peut rester libre et se vend !

Ivrogne, la raison s'éteint dans ta prunelle,
Et ta volonté serve abdique sous ton front.
A ta barre, pilote ! Œil au guet, sentinelle !

Qui sait l'heure où l'orage et l'ennemi viendront ?

XVII

Tais-toi donc, sobre, avec ton nez couleur de rave !
L'eau que tu bois te fait parler comme un canard.
Écoute bien : c'est toi le lâche, et moi le brave.

Ta sentinelle, l'œil au guet, n'est qu'un renard.
Ton pilote, tenant sa barre, a la posture
D'un foireux. Mais pour moi, tempête ou traquenard,

Je m'en fous ! Vers la gloire ou la déconfiture
Je m'en vais en chantant, sans savoir mon chemin,
Par des bois ténébreux, au pays d'aventure,

Avec mon chef coupé pour lanterne à la main.

XVIII

BALLADE À BOIRE

Ces gourgandines de bouteilles
Débaucheraient le plus têtu !
Oh ! les belles gouges vermeilles
Qui vous font de l'œil impromptu !
Tant pis pour qui ne l'a point eu,
Le bonheur profond et céleste
Qu'offre leur ventre court vêtu !
Bois d'autant. Siffle sur le reste.

Je bois. Si tu m'en déconseilles,
Je te dirai turlututu,
Et, me bouchant les deux oreilles,
J'attendrai que tu te sois tu.
Prends plutôt ce verre pattu

Et le vide d'une main preste.
Afin de noyer ta vertu,
Bois d'autant. Siffle sur le reste.

Bois. Les bouteilles sont pareilles
A des tétons au bout pointu.
En les suçant tu t'ensoleilles.
Ton nez fût-il sale et tortu,
Rongé de pleurs, triste, battu
Par les flots d'un destin funeste,
Il devient clair et beau si tu
Bois d'autant. Siffle sur le reste.

ENVOI

Prince, à ce nez rouge et rétu,
S'il a l'air d'un membre immodeste,
D'un gobelet fais un tutu.
Bois d'autant. Siffle sur le reste.

XIX

BALLADE POUR NE TROP BOIRE

Bois ! Mais ne bois que du vrai vin,
Fils du soleil et de la terre.
C'est le seul breuvage divin.
Tout autre est fade ou délétère.
L'alcool brûle ; c'est un cautère.
La bière éteint ; c'est un étui.
Et l'eau gonfle ; c'est un clystère.
Bois le vin. Sois bon comme lui.

Bois ! Même un pichet d'angevin,
Pourvu que rien ne l'adultère,
Tu ne le boiras pas en vain.
Il te chauffe et te désaltère.
Le sang court mieux dans ton artère ;

Dans tes yeux un éclair a lui ;
Bois ! Mais pas trop ne réitère.
Bois le vin. Sois bon comme lui.

Reste à mi-côte du ravin
Où choit l'ivrogne involontaire.
Bois ! Mais gare au rouge levain !
Dans le plus doux, le plus austère,
Renaît la brute héréditaire
Sitôt que le sens est enfui.
L'un devient porc, l'autre panthère.
Bois le vin. Sois bon comme lui.

ENVOI

Prince, voici tout le mystère
Pour ne trop boire : avec autrui
Partage ton broc solitaire.
Bois le vin. Sois bon comme lui.

XX

Que tu sois putain ou pucelle,
Cœur de lys ou cœur d'artichaut,
Viens çà, ma fille, il ne m'en chaut,
Puisque ton beau rire étincelle.

Même laveuse de vaisselle,
Viens ! J'ai l'âme comme un cachot,
Triste et froide, et la tienne a chaud
Comme le creux de ton aisselle.

Ton lit soit public ou sacré,
Qu'importe ! J'y reposerai.
Éteins le cierge ou la camoufle ;

Bouge ou temple, mets le verrou ;
Et dormons souffle contre souffle
Comme deux bêtes dans leur trou.

XXI

A l'âge où je ne serai plus
De ceux qu'on baise sur la bouche,
Mon sort me sera moins farouche,
Songeant aux yeux à qui je plus.

Mais celui des bonheurs élus
Qui d'avance le mieux me touche,
C'est votre amour, vous dont la couche
Fut close à mes vœux superflus.

Les autres, au vent des années
Auront jauni, roses fanées.
Le vôtre restera vainqueur,

Bouquet de fleurs orientales
Dont j'aurai respiré le cœur
Sans en effeuiller les pétales.

XXII

On a connu l'amour, à plein corps, à plein cœur.
On s'est coupé la gorge avec ce bandit corse.
On est sorti sanglant du maquis, mais vainqueur.

On a sucé le fruit mortel jusqu'à l'écorce,
Tant, qu'on trouve à présent les vitriols bénins.
Rien, ni fer, ni poison, sur vous n'a plus de force.

On est un mâle. On rit des pièges féminins.
On est Hercule. Passe Omphale. Seize ans. Vierge.
Et son baiser naïf vous ronge de venins,

Et dans ses doigts d'enfant on se fond comme un cierge.

XXIII

« Soit, dit-elle, je cède et me voici clémente.
« Mais pour y croire, à votre amour, si je m'y rends,
« J'en veux un gage sûr et que rien ne démente.

— Las ! fit-il, où trouver des serments assez grands ?
— Las ! les plus solennels n'ont plus rien qui m'émeuve, »
Répondit-elle. Alors, lui, soudain : « Je comprends !

« La preuve qu'il vous faut, je l'ai, superbe et neuve.
« O toi que j'aime, tu vas voir si je t'aimais ! »
Et comme en souriant elle attendait la preuve,

Sans retourner la tête il s'enfuit pour jamais.

XXIV

BALLADE DU CIEL DE LIT

On boit quand on a soif. On mange
Quand on a faim. Il faut aussi
Se gratter quand ça vous démange.
Vous m'entendez de reste. Ainsi,
Sans avoir peur qu'on soit roussi
Dans un monde qui n'est point nôtre,
Amusez-vous dans celui-ci.
Le ciel de lit vaut mieux que l'autre.

Quelle est cette volaille étrange
Qui plane en votre ciel transi ?
Il faut être ça pour être ange ?
Eh bien ! je n'en veux pas, merci.
Mon ange est la garce. Et voici :

Il ne plane pas, il se vautre,
Moins éthéré, mais plus farci.
Le ciel de lit vaut mieux que l'autre.

Mais il se vautre en pleine fange !
Bah ! c'est là mon moindre souci.
Quand mes draps sont sales, j'en change.
Essayez, ça m'a réussi.
Sans faire tant le rétréci,
Prenez une putain, la vôtre
Ou la mienne, et vous verrez si
Le ciel de lit vaut mieux que l'autre.

ENVOI

Prince, votre œil s'est adouci.
La nuit vient. Ah ! Le bon apôtre !
Où courez-vous ? — Mais non. — Mais si.
Le ciel de lit vaut mieux que l'autre.

XXV

BALLADE POUR FAIRE PEUR DU CHAT

Quand la romance est romancée,
Après les derniers roucoulis,
Que reste-t-il? Morte pensée,
Os démoellés, sens aveulis,
Et nuques en torticolis
Où le poil suant s'échevèle.
Au chat! Au chat, oiseaux jolis!
Au chat! C'est un mange-cervelle.

Au chat! Sa morsure pansée
Résiste à tous les alcalis.
On en sent toujours la lancée.
Des virus qu'on croit abolis,
Dans la chair aux mille replis

Le venin caché se révèle.
Au chat ! au chat, beaux bengalis !
Au chat ! C'est un mange-cervelle.

Ceux que la débauche insensée
Gave de sa truffe en coulis,
Avec la vieille fiancée
Vieillissent tôt, les traits pâlis,
L'haleine en lécheurs d'aillolis,
Les reins ensablés de gravelle.
Au chat, jeunes ensevelis !
Au chat ! C'est un mange-cervelle.

ENVOI

Prince aux voluptueux oublis,
C'est ta fosse toujours nouvelle
Que tu creuses au creux des lits.
Au chat ! C'est un mange-cervelle.

XXVI

Si l'on veut avoir chaud, il faut dormir à deux.
On a les pieds gelés, seul sous la couverture.
Mais si l'on veut dormir ? Le rut qui les torture
N'offre aux deux enlacés qu'un repos hasardeux.

L'accouplement, celui d'habitude, est hideux :
On y prend le coït comme on prend sa pâture.
Quant aux amants qu'un vieux collage courbature,
Ils ont l'air de forçats, leurs fers couchés près d'eux.

Le mieux est donc de fuir la maîtresse ou l'épouse
Qui, fixant dans ton lit sa demeure jalouse,
Te tiendrait les pieds chauds... à perpétuité.

Mais quand il fait trop froid, cherche une garce folle
Qui réchauffe ton corps dans ses bras anuité,
Et s'en aille au matin comme un oiseau s'envole.

XXVII

O maîtresses d'un soir, figures abolies,
Éphémères flambeaux de l'amour immortel,
Quelle cendre devient votre léger pastel !
Que te restera-t-il de ces brèves folies ?

Quand tu ne seras plus pour les garces jolies,
Que le birbe payant nommé monsieur Un Tel,
Midi ne sonnant plus jamais à ton cartel,
Quel enfer de regrets et de mélancolies !

Ah ! combien plus facile et plus gai le chemin
Que l'on achève à deux et la main dans la main
Avec une compagne ancienne et toujours tendre,

Dont les beaux yeux fanés fleurissent vos vieux ans
Et dont le doux ronron vous empêche d'entendre
La Mort dans l'escalier montant à pas pesants !

XXVIII

Ils croyaient que l'amour fini se recommence,
Et, s'étant retrouvés, ils ont comme autrefois
Sur le vieux clavecin mis la vieille romance.

« Je sais la lire encor, lui dit-elle. Tiens, vois !
« Do, mi, la, sol.... » Et lui, sur la page jaunie
Lut à son tour, par cœur. Tous deux étaient en voix.

Mais chacune des voix, à l'autre réunie,
Sembla dans l'air ancien mêler des airs nouveaux.
Car ils avaient perdu le rythme et l'harmonie.

Et chacun s'écria que l'autre chantait faux.

XXIX

Je connais deux vieillards qui se disent *je t'aime*
Comme aux jours printaniers où chantaient leurs vingt ans :
Leur vie est une fugue avec ce simple thème.

Sur l'orgue aux flûtes d'ange, aux clairons éclatants,
Ils ont su varier le thème en cent manières,
Passant par tous les tons, rythmé par tous les temps.

Toujours ont reparu les notes printanières.
Ce n'est plus aujourd'hui l'allegro des baisers.
O modulations d'andante, les dernières !

Mais le thème y revient en accords apaisés.

XXX

BALLADE DES AMOURS NOUVEAUX

On aime une fois, mais pas plus !
Je l'ai cru, cet épichérème,
Comme toi, quand j'étais reclus,
Tirant au pays de Maremme
Mon bagne amoureux en birème.
Ce sont là propos complaisants,
Mots tout faits, calculs de Barême.
Le cœur reverdit tous les ans.

Tu peux plaire encor, si tu plus.
Aucune carte n'est l'extrême.
Après un prime enjeu conclus,
Retourne vite une autre brême.
Car l'amour n'est pas un Saint-Chrème

Dont peu de fronts sont reluisants ;
Et, quand on vient d'aimer, on raime.
Le cœur reverdit tous les ans.

Donc, pas de soupirs superflus
Lorsque tu vois tourner ta crème.
Si tu n'es ni vieux ni perclus,
Ne pleure pas en cerf qui braime,
Ni ne fais la gueule de brême.
Comme disent les paysans,
Pâques revient après Carême.
Le cœur reverdit tous les ans.

ENVOI

Prince, voici mon théorème :
Aimer chaque amour que tu sens
Comme si c'était le suprême.
Le cœur reverdit tous les ans.

XXXI

BALLADE DE L'HIRONDELLE

L'hirondelle, oiseau de romance
Banal au bout des mauvais vers,
Est la reine du ciel immense.
Mais, malgré sa course à travers
Mille et un mondes découverts,
Malgré ses vagabonds coups d'aile
Aux plus lointains diables vauverts,
Elle n'a qu'un nid, l'hirondelle.

Son vol va, vient et recommence.
« Elle a la cervelle à l'envers !
« C'est la débauche et la démence !
« Elle aime donc tout l'univers ! »
Disent colimaçons et vers.

Sur elle prends plutôt modèle,
Bourgeois rampant, triste et pervers.
Elle n'a qu'un nid, l'hirondelle.

Sans doute, à l'heure d'inclémence
Où de la neige en menus-vairs
Choit la froide et molle semence,
L'hirondelle a fui nos hivers.
Mais du pays des vétivers
Toujours elle revient fidèle
Au même coin des volets verts.
Elle n'a qu'un nid, l'hirondelle.

ENVOI

Prince, entre tant d'amours divers,
D'un seul bâtis la citadelle
Où l'on t'accueille à bras ouverts.
Elle n'a qu'un nid, l'hirondelle.

XXXII

J'ai vécu. Voici mon avis.
Fuis le baiser de la Chimère
Qui vous laisse une soif amère
Et des désirs inassouvis.

Concentre tous tes sens ravis
Dans cet ici-bas éphémère.
La terre est ta femme et ta mère :
Greffe-toi sur la terre, et vis.

Dans ses entrailles prends ta force,
Comme un chêne. Que ton écorce
Se gonfle de son suc vivant.

Et tends tes poings noueux pleins d'elle,
Pour que la Chimère, ce vent,
Y casse en hurlant ses coups d'aile.

XXXIII

Autre conseil, au temps des fleurs !
L'arbre, gercé par la froidure,
Sent mollir son écorce dure
D'où la sève jaillit en pleurs.

Les oiseaux aux primes chaleurs
Chantent déjà dans la verdure.
Jouis d'Avril pendant qu'il dure,
Chêne, emplis-toi de nids siffleurs.

Tes pieds sont vissés dans la terre ;
Mais tes branches vers le mystère
Tendent leurs bras épris du vol.

Aime l'oiseau, le vent qui passe,
Et par eux, vieux forçat du sol,
Soûle-toi d'azur et d'espace.

XXXIV

« O fatigue de vivre ! Encore une journée
« Qui recommence ! Encore une étape à fournir !
« Cette route jamais ne sera terminée !

« Le passé me prédit quel sera l'avenir.
« L'aube amenant midi, midi le crépuscule,
« Dans l'aube blanche on voit déjà le soir jaunir.

« Marcher, toujours marcher vers un but qui recule,
« Le poursuivre, en sachant qu'on n'y doit pas toucher,
« Quel supplice, à la fois atroce et ridicule ! »

— Mais songe aux pieds des morts, las de ne plus marcher

XXXV

Tes guêtres, ton bâton, ton sac ! Ouvre ta porte.
Ne t'accagnarde pas chez toi comme en prison.
Sors, laisse errer ta course où le hasard la porte.

Tu dis : « Toujours l'étape, et point de garnison ! »
Prends garnison partout, dans l'auberge clémente
Qui pour dôme a le ciel et pour murs l'horizon.

C'est le désir d'un but fixé qui te tourmente.
L'arrivée incertaine attriste le départ.
Mais l'arrivée est sûre et la route est charmante

Quand on marche en rêvant sans aller nulle part.

XXXVI

BALLADE DE LA REINE DES FLEURS

La rose est la reine des fleurs,
Soit ! Mais un mot qui court les rues
Dit que des goûts et des couleurs
Les disputes sont incongrues.
Il a raison. Les fleurs sont drues ;
Chacun en cueille une en chemin ;
La reine, entre tant d'apparues,
C'est la fleur qu'on a dans la main.

Tout a sa fleur, les bois siffleurs,
Les champs blessés par les charrues,
Les prés où l'aube a mis ses pleurs,
Les bords des rivières accrues,
Même les rocs noirs de verrues.

Blanche, ou bleue, ou jaune, ou carmin,
Celle qu'on croit des plus courues,
C'est la fleur qu'on a dans la main.

Les épiciers, les emballeurs,
Les niais, les coquecigrues,
Et les fous, ont aussi les leurs.
On peut voir des âmes férues
Pour les sauges et pour les rues.
Parfois on traite en benjamin
Un chardon aux crêtes bourrues :
C'est la fleur qu'on a dans la main.

ENVOI

Prince, que mes leçons soient crues :
La fleur fleurant mieux que jasmin,
La reine des fleurs encore eues,
C'est la fleur qu'on a dans la main.

XXXVII

BALLADE DE LA CHIMÈRE

Oh ! la Chimère poursuivie,
Comme à ses trousses nous courons !
On y passe toute sa vie.
Chaque fois qu'après mille affronts
On croit la prendre en ses doigts prompts,
Elle fuit à l'horizon blême
En disant : « Demain, nous verrons ! »
Mais, ce qu'on n'a pas, comme on l'aime !

Maîtresse dont l'œil nous convie
Aux repas que point ne ferons,
Et dont on a toujours envie
D'autant plus que, ses beaux seins ronds,
Jamais nous ne les baiserons !

Nul n'a résolu le problème
De boire à leurs doux biberons.
Mais, ce qu'on n'a pas, comme on l'aime !

Souvent l'âme la plus ravie
L'est pour d'infâmes laiderons,
Ventre plat, taille qui dévie,
Gorge flasque aux bouts en meurons.
A leur porte on fait des ronrons,
On sanglote, on supplie, on claime,
Et quelquefois nous y mourons.
Mais, ce qu'on n'a pas, comme on l'aime !

ENVOI

Prince, un beau palais sans perrons,
De notre vœu voilà l'emblème.
Entrer ? Nous en désespérons !
Mais, ce qu'on n'a pas, comme on l'aime !

XXXVIII

Si tu veux *arriver* (comme on dit), prends modèle
Sur l'homme de bon goût, qui, ni triste, ni gai,
Mais neutre, est froid, poli, correct et distingué.
La mode aime ceux-là qui sont amoureux d'elle.

Humble, à la vieille dame, ô fils, tiens la chandelle
Ainsi qu'un cierge, en lui chantant : *ma mie, ô gué !*
Ne va pas, dans l'alcôve en velours meringué,
Crier *merde*, le geste ouvert comme un coup d'aile.

Ne ris pas d'elle ; car c'est de toi qu'on rirait,
Avec un petit rire élégant et discret,
Mais dont l'éclat rapide en coup de fouet vous cingle ;

Et les gens de bon goût te cloueraient sans remords
Leur épigramme au cœur. C'est un rien, une épingle.
Que de beaux papillons, toutefois, en sont morts !

XXXIX

Mais, des succès d'un jour si tu n'es point rapace,
Si, méprisant la mode et ses petits cadeaux,
Tu ne veux pas rester punaise en ses rideaux,
Va ! Le chien jappe en vain, la caravane passe.

A tous les coups d'épingle offre ta carapace :
Leurs dards s'y casseront sans te piquer le dos.
A mes dépens, bon goût, fais rire les badauds !
Sur eux et toi je fiente en planant dans l'espace.

Qu'on soit gauche et bizarre, étant grand, c'est un droit.
L'aigle a l'air hébété dans sa cage à l'étroit ;
Aux pieds d'Omphale, rien n'est drôle comme Hercule ;

Et le bon goût des sots, venant voir le repas
Des fauves, seul s'esclaffe à trouver ridicule
Le roi lion qui rêve et qui fait un faux pas.

XL

On t'appelle jongleur, virtuose, acrobate.
Laisse-les dire. Apprends ton art et le connais.
Que ton lourd glaive soit léger comme une batte !

Fais-le flamboyer, clair, en brillants moulinets.
Porte tes casques d'or, pesants de pierreries,
Allégrement, ainsi que les fous leurs bonnets.

Les plus superbes monts ont des sentes fleuries ;
Et dans la mer sublime on peut ouïr souvent
Ces virtuosités et ces coquetteries,

Les roulades du flot et les trilles du vent.

XLI

Mais reste simple. L'œuvre est grande et magistrale
Qui n'a rien du bazar exhibant ses coffrets.
Elle doit se dresser comme une cathédrale.

Certe, il n'est pas un coin où des détails secrets
Ne prouvent une main d'artiste qui martèle
Des bijoux de vitrine admirables de près.

Pourtant, la majesté du sanctuaire est telle,
Qu'avant de se distraire aux festons précieux,
Ce qu'on voit tout d'abord sous la pierre en dentelle

C'est le mystique élan des piliers vers les cieux.

XLII

BALLADE AILÉE

Qu'elle soit marquise ou grisette,
En robe à traine ou cotillon,
A l'existence fais risette.
Même guenille-guenillon,
Elle est azur et vermillon
Pour toi qu'aiment les neuf donzelles,
O frère aîné du papillon,
Poëte ! N'as-tu pas des ailes ?

Viennent les jours d'âpre disette
Où, comme un simple barbillon,
Tu n'as que l'eau pour anisette,
De ta ceinture sans billon
Tu boucles plus loin l'ardillon

Et finement tu le cisèles
Pour en sentir moins l'aiguillon.
Poëte, n'as-tu pas des ailes ?

Ta Muse, Uranie ou Lisette,
Sur toi déploie en pavillon
Ses crins d'or dont chaque frisette
T'emplit le cœur d'un million.
Qu'y met-elle, à ton corbillon ?
Rien. Mais les oiseaux, les oiselles,
Te sonnent leur gai carillon.
Poëte, n'as-tu pas des ailes ?

ENVOI

Prince, il volait, le bon Villon.
Et puis après ? Les demoiselles
Volent bien, et l'émerillon.
Poëte, n'as-tu pas des ailes ?

XLIII

BALLADE AU DÉTRIMENT DES LOIS

Car au nez du siècle hypocrite
Il faut le crier bravement :
A la loi pour d'autres écrite
Le poète se gendarmant
Refuse de prêter serment.
Votre morale qui l'opprime
Lui paraît du haut allemand.
La loi du rimeur, c'est la rime.

Quoi ! J'irais dans votre guérite
Monter la garde ! Aucunement.
Mon mérite ou mon démérite,
C'est d'être bien ou mal rimant.
Mon vers est-il beau, clair, charmant?

Suis-je un maître dans notre escrime ?
Tout est là. Le reste, un moment !
La loi du rimeur, c'est la rime.

Que je sois saint ou sybarite,
Bon sujet, mauvais garnement,
Ivrogne en proie à la gastrite
Ou buveur d'eau, sobre ou gourmand,
Chaste ou coureur, sage ou dément,
Qu'importe, si ma voix t'exprime,
Splendeur du beau, splendidement !
La loi du rimeur, c'est la rime.

ENVOI

Prince, infâme est celui qui ment
A son art. Pour tout autre crime
Du bon poète sois clément.
La loi du rimeur, c'est la rime.

XLIV

Oh ! de quels beaux pays vous voilà revenus !
Vagues aux baisers bleus, flots aux vertes colères,
Rubis de la mer Rouge et diamants polaires,
Archipels fourmillant d'anthropophages nus,

Terres sans nom, mälstroms sans fond, cieux ingénus,
Croix du sud, astres neufs, virginités stellaires,
Partances sous les cris aigus des procellaires,
Arrivages sur des rivages inconnus,

Contez-nous tout cela ! Fleurissez nos cervelles !
Nos pauvres cœurs ont soif de nouvelles nouvelles.
Contez, fiers voyageurs !... Mais pas un ne répond.

Colis humains, pas plus au large qu'à l'escale
Ils n'ont eu le loisir de monter sur le pont.
Oh ! ceux qui font le tour du monde à fond de cale !

XLVII

Solitude ! Manoir de Belle au Bois dormant,
D'où la Belle est partie à jamais, emmenée
Vers des pays lointains par le Prince Charmant.

La poussière a rempli la chambre d'hyménée.
Tout est froid. Tout est mort. Mort le dernier flambeau !
Mort le dernier tison, noir dans la cheminée !

Seule, une horloge encor survit dans ce tombeau.
Mais à quoi bon son timbre, et qu'il chante ou qu'il pleure,
Et que le cadran d'or soit d'un travail si beau ?

Personne n'est plus là pour y regarder l'heure.

XLVIII

BALLADE À LA GLOIRE DES HUMBLES

Ces humbles que vous méprisez,
Vous, les puissants, devraient vous plaire.
Ces gueux aux corps martyrisés,
Cette tourbe patibulaire
Qui rame dans votre galère,
Les reins nus, le chef ruisselant,
C'est vos aïeux. La chose est claire,
O grand chêne : tu sors d'un gland.

Sur son vieux dos que vous brisez
Le peuple indulgent vous tolère.
Mais quand aux rois fleurdelysés
Il montre ses yeux en colère,
Les rois vont se faire lunlaire.

XLV

Passager toujours prêt à reprendre passage
Sur le premier bateau cinglant vers l'horizon,
Souvent je me demande à quand la guérison
De ce mal que ne calme aucun atterrissage.

Mouiller dans quelque port serait-il pas plus sage,
Aujourd'hui que déjà ton poil se fait grison,
Et là, bornant tes vœux, au seuil de ta prison
Dormir et du repos tenter l'apprentissage ?

Songe que voyager ne t'a conduit à rien,
Que la terre est partout la même, et qu'au terrien
Ce qui plaît dans la mer, c'est qu'elle est inconnue.

Il rêve tout, celui qui n'a pas embarqué.
Là-bas, au lointain vague où l'eau rejoint la nue,
Quels mondes on découvre en restant sur le quai !

XLVI

Clos-toi dans ton orgueil comme un loup dans son antre.
Fuis la foule. Avec elle on ne s'appartient plus,
On ne sait d'où l'on sort, on ne sait où l'on entre,

On est vague quelconque en ses flux et reflux.
Toi, laisse aller la tourbe aux communs baptistères.
C'est au désert que vont les prophètes élus.

Les plus beaux diamants sont dits des solitaires.
Mais, si flambants qu'ils soient, dans la mer jette-les ;
Tu verras, au roulis des flots égalitaires,

Les diamants éteints s'arrondir en galets.

Devant ce regard aveuglant,
Tout sang, même bleu, tourne en glaire.
O grand chêne, tu sors d'un gland.

C'est ce gland que vous arrosez,
Pleurs de la sueur populaire,
Qu'on blague, et qu'avec des baisers
Comme un trésor miraculaire
On devrait mettre en scapulaire.
Le peuple est le ventre sanglant
D'où naît le grand homme stellaire.
O grand chêne, tu sors d'un gland.

ENVOI

Prince, tu vas en vexillaire
De ta noblesse, et, te gonflant,
Tu te compares, séculaire,
Au grand chêne. Tu sors d'un gland.

XLIX

BALLADE DE L'ORGUEIL

Si tu veux gagner la bataille
De la vie, il faut être fier.
Les vaincus vont, ployant la taille,
Baissant le nez. Tel le frater
Qui dans ses doigts bave un pater.
Toi, marche l'air crâne, et soulève,
Pour marcher fort et pour voir clair,
L'orgueil flamboyant comme un glaive.

Frappe d'estoc, frappe de taille.
Coupe la queue à l'hydre, au ver.
Laisse dire à la bigotaille
Que ton arme est faite d'un fer
Sorti des forges de l'enfer.

Soit ! Pourvu que l'envie en crève,
Brandis, soldat de Lucifer,
L'orgueil flamboyant comme un glaive.

Ainsi qu'un tas de chiens qu'on fouaille,
Ou que la cendre au vent d'hiver,
Tu verras fuir la valetaille
Des sots qui t'ont pris pour leur pair.
Ces drôles te disaient « mon cher »,
Te tutoyaient d'une voix brève.
Plante-leur donc en pleine chair
L'orgueil flamboyant comme un glaive.

ENVOI

Prince, s'ils viennent, culs à l'air,
Conchier les fleurs de ton rêve,
Prends, pour les torcher d'un éclair,
L'orgueil flamboyant comme un glaive.

L

Laisse donc aux faiseurs d'embarras, aux *messieurs*,
Ce vacarme de fouets, de grelots, de ferraille,
Ce postillon qui sacre et ce cocher qui braille,
Et ce carrosse d'or à sonores essieux.

Au château de la vie entre silencieux,
Vêtu d'un manteau pauvre et couleur de muraille.
Prends les corridors noirs où le papier s'éraille,
Les escaliers secrets sans regards vers les cieux.

Cherche discrètement, là-haut, sous les mansardes,
Ta chambre, où pluie et vent passent par les lézardes,
Et dors tant bien que mal ton somme, et t'en repais.

Puis au matin, à pas de loup, furtif et pleutre,
Va-t'en, heureux d'avoir, parmi l'ombre et la paix,
Traversé l'existence en semelles de feutre.

LI

Frappe et l'on t'ouvrira. C'est le conseil du sage.
Mais ne va pas frapper à petits coups discrets.
Non! Frappe à coups serrés, toujours sûrs, toujours prêts.
Sur tout obstacle offert fais-en l'apprentissage.

Frappe l'huis au mitan et les gens au visage.
Frappe avant de parler et dès que tu parais.
Défonce-moi la porte, et le portier après.
C'est lorsqu'on a passé qu'il faut quérir passage.

Frappe, et l'on t'ouvrira, quand tu seras dedans.
Frappe à la gueule ceux qui te montrent les dents.
Frappe à coups décisifs qu'on ne puisse te rendre.

Fi des longs arguments, des chemins détournés !
Coupe au court. Celui-là se fait vite comprendre,
Qui pour point sur les i met son poing sur les nez.

LII

« Vous saignez ! Je mettrai mes doigts dans la blessure
« Et tâcherai d'avoir les doigts empoisonnés
« Pour que le mal soit âpre et que la mort soit sûre.

« Vous me trouvez cruel et vous vous étonnez.
« Je n'écraserais pas une fourmi par terre,
« C'est vrai ; mais votre esprit me déplaît, votre nez.

« Cela suffit ! Vous voir souffrir me désaltère.
« L'homme est ainsi pour l'homme un bourreau sans émoi,
« Même un bourreau joyeux ; car (à quoi bon le taire ?)

« Le mal que je vous fais me fait du bien, à moi. »

LIII

Ne va pas t'indigner, mon cœur. Cela t'enseigne
Quelles pitiés auront tes frères généreux,
Et qu'il faut leur cacher le trou par où l'on saigne.

Garde tes désespoirs, jouissances pour eux.
Bois ta souffrance ainsi qu'un ivrogne égoïste
Qui solitairement hume un vin savoureux.

Puisqu'on achève ici les blessés qu'on assiste,
Ne parais pas blessé, pose en riant ta main
Sur ta blessure ; et si le flot de sang persiste,

Drape-toi dans sa pourpre en empereur romain.

LIV

BALLADE FRATERNELLE

Donc, mes frères, tas de larrons,
Ce vieux sol, commune patrie,
A nous l'arracher nous mourons.
Toujours l'humanité meurtrie
Par l'humanité saigne et crie.
Mais, brute, homme, ô singe barbu,
Ta propriété, c'est flouerie.
L'air que tu bois, d'autres l'ont bu.

En ce monde où nous passerons
Comme une ombre sur la prairie,
Que nous soyons gueux ou barons,
Rien de personne n'est l'hoirie,
Ni l'eau que le fleuve charrie,

Ni les prés au tapis herbu,
Ni la céleste orfèvrerie.
L'air que tu bois, d'autres l'ont bu.

N'importe! Au rire des clairons
La guerre souffle la tuerie.
En vain, rêveurs, nous espérons
De notre voix douce qui prie
Arrêter l'atroce Furie.
Jamais son cheval n'est fourbu.
Et pourquoi cette boucherie?
L'air que tu bois, d'autres l'ont bu.

ENVOI

Prince, il faut que la paix sourie
Aux fils de la même tribu.
Elle est à tous, l'aube fleurie.
L'air que tu bois, d'autres l'ont bu.

LV

BALLADE DE LA GUERRE

Puisque la guerre est nécessaire
Entre frères cohéritiers,
En guerre, alors ! Qu'on se lacère !
Mais sans faiblesse et sans quartiers !
Lois du droit des gens, vous mentiez.
A nos instincts de cannibales
Ruons-nous, francs et tout entiers.
Tords ta lame et mâche tes balles.

Doux rêveurs dont le cœur se serre
A ce massacre, et qui tentiez
D'unir l'un et l'autre adversaire
Au nœud des tendres amitiés,
Parmi les vacarmes altiers

Des cuivres, tambours et cymbales,
Meurt la chanson que vous chantiez.
Tords ta lame et mâche tes balles.

La guerre vous tient dans sa serre,
Vous aussi, qui la combattiez.
L'apôtre est le bouc émissaire
Qu'immolent d'abord les routiers.
Ils prouveront que vous étiez
Des traîtres, fauteurs de cabales,
Et vous tueront comme émeutiers.
Tords ta lame et mâche tes balles.

ENVOI

Prince, adieu les vaines pitiés
Où pour ton frère tu t'emballes !
Et puisqu'il faut que vous luttiez,
Tords ta lame et mâche tes balles.

LVI

Une majesté, toi ? Tu n'en as que la mine.
Qu'à tes infirmités d'autres soient complaisants !
Moi, je n'aurai pour toi que des mots méprisants.
Plus le coquin est vieux, et plus je l'abomine.

Cheveux blancs, soit ! Mais non pas blancs comme l'hermine.
Quel droit, parce qu'il a vécu quatre-vingts ans,
Ont ses crimes passés à des honneurs présents ?
La vermine caduque est doublement vermine.

Arrière donc, respects qu'il n'a point mérités !
Et sans peur qu'on lui crache au nez ses vérités !
Plus il vécut, plus il eut le temps d'être infâme.

De notre piété, vieux, tu te régalais.
L'auréole des ans ! Mais ton front la diffame.
L'argent de tes cheveux est du métal anglais.

LVII

O jeunesse, c'est toi qu'il faut que l'on vénère,
Même dans tes excès dont on est revenu.
On admire, resté debout, l'arbre chenu
Qu'a dépouillé le temps et cavé le tonnerre ;

Mais celui qui bourgeonne et qu'avril régénère,
Qui monte, qui grandit d'un effort continu,
Celui-là, c'est l'espoir, l'avenir, l'inconnu,
Dont la sève est tarie au cœur du centenaire.

Donc, à déraisonner, la jeunesse a raison.
Et tant pis si parfois sa folle frondaison
Au front des vermoulus grimpe et les tarabuste !

Vieux troncs, dont plus ne doit reverdir le sommet,
De vos branchages morts n'écrasez point l'arbuste.
Respectez dans sa fleur les fruits qu'elle promet.

LVIII

Ne nous faisons donc pas meilleurs que nous ne sommes.
Assassins, une fois par hasard soyons francs.
Quel homme n'a pas dit : « Meurent ces autres hommes !

« Ceux-là sont au pinacle et me ferment leurs rangs.
« J'y veux être comme eux, vu par la populace.
« Les petits d'aujourd'hui demain seront les grands.

« Jeunes, votre sang bout ; le leur, vieilli, se glace ;
« A votre tour, quand ils seront morts, vous vivrez.
« Si la vie est un bien, qu'ils m'y donnent leur place !

« Si la vie est un mal, qu'ils en soient délivrés ! »

LIX

Quand mon heure viendra d'être dans les partants,
Puissé-je ne pas geindre en birbe ridicule
Qui lève l'œil au ciel et dit : « Ah ! de mon temps ! »

Puissé-je ne pas croire au monde qui recule,
Ne pas être de ceux qui vont en plein midi
Criant que rien n'est beau comme un beau crépuscule !

Puissé-je aimer toujours le jeune homme hardi,
Trouver bon qu'il soit fou, moi que sagesse enchaîne,
Et par sa gaillardise être ragaillardi !

O mon soleil couchant, bénis l'aube prochaine.

LX

BALLADE DES SALES VIEUX

Pourquoi les respecter, ces vieux ?
Parce qu'il est fruste et cocasse,
Un écu rogné vaut-il mieux ?
Parce qu'une antique carcasse
Se voûte, se vide et se casse,
A-t-elle droit aux madrigaux ?
Zut ! Et que la mort les fricasse,
Les sales vieux ! Aux asticots !

Ils n'ont plus de soleil aux yeux,
Plus d'herbe sur la calebasse,
Plus de cambouis dans les essieux.
Leur asthme poussif qui trépasse
Empuantit le vent qui passe,

Et leur catarrhe a pour échos
Les soupirs de leur contrebasse.
Les sales vieux, aux asticots !

Ils sont laids, miteux, roupieux,
Chassieux, et font la grimace.
Leur culotte leur sert de lieux.
Est-ce homme, ou femme, ou bien hommasse.
Ça, qu'à la cuiller on ramasse ?
Leur bouche, où branlent des chicots,
Bave comme un cul de limace.
Les sales vieux ! Aux asticots !

ENVOI

Prince, malgré notre air vivace,
Si nous devenons ces magots,
Qu'on nous foute dans la crevasse !
Les sales vieux, aux asticots !

LXI.

BALLADE DES BONS VIEUX

Respectons les vieux, les bons vieux,
Qui n'ont pas la mine sévère
Ni dégoûtante, ni les yeux
Comme une glande salivaire,
Qui savent encor boire un verre
Et tiendront des propos gaillards
A la barbe de leur suaire.
Ces vieux ne sont pas des vieillards.

Ceux-là ne sont pas ennuyeux.
Jamais leur bouche ne profère
Que les vieilles gens sont des dieux.
Ils ne posent pas au calvaire,
Ne veulent pas qu'on les révère,

Mais disent : « Soyez fous, paillards,
« Faites ce qu'on nous a vus faire. »
Ces vieux ne sont pas des vieillards.

Ce sont des amis, ces aïeux.
Voilà ceux que je persévère
A bénir, choyer, de mon mieux.
De leurs mots je suis l'archivaire.
Quoi qu'ils disent, je réponds vère.
O les chers vieux, doux et raillards,
Qu'à bien des jeunes je préfère !
Ces vieux ne sont pas des vieillards.

ENVOI

Prince, à ceux-là, sois leur trouvère,
Et, pleurant, sur leurs corbillards
Mets la rose et la primevère.
Ces vieux ne sont pas des vieillards.

LXII

Salut, Terre ! Salut, mère ! Salut, nourrice !
Ton los soit célébré par nous sur tous les tons !
Chaque jour en mangeant, vieille, nous te fêtons,
Au régal de ton pain, manne réparatrice.

La Terre nous a tous portés dans sa matrice.
Notre sang s'alimente au lait de ses tétons.
Nappe blanche, que sur la table nous mettons,
Fais-en comme un autel pour notre créatrice.

Car c'est la Sainte Table, homme, où tu te repais.
N'y prends place qu'avec la conscience en paix ;
Que la main de ton frère à ta main soit unie ;

Mangez, graves ; laissez se moquer le moqueur ;
Et, sachant que celui qui mange communie,
Du cœur de votre mère emplissez votre cœur.

LXIII

O pain qui nous fais vivre et dont nous crèverons,
Maudit sois-tu, sous tous tes aspects, pain du riche,
Que grignottent des gens dignes d'être en bourriche,
Pain du pauvre, arrosé de la sueur des fronts,

O pain quotidien après qui nous courons,
Labourant sans relâche un sol toujours en friche,
Pain pour qui le voleur vole et le tricheur triche,
O pain, père du crime et de tous les affronts,

Pain qui sais conseiller le meurtre, l'incendie,
La prostitution, la mort, pain qu'on mendie
Avec la rage aux dents et des pleurs plein les yeux,

Pain vil, que toute vie a pour but et pour centre,
Pain qui rappelles, même au planeur dans les cieux,
Que l'homme est une brute enchaînée à son ventre !

LXIV

Soir de Noël. Je meurs de faim. Autrui se gave.
Pourquoi ce vide en moi, cette pléthore en eux ?
Et voici dans mon cœur des ténèbres de cave

Où la haine qui roule et déroule ses nœuds
Rampe en buvant vos sucs, champignons de l'envie
Dont s'érigent soudain les phallus vénéneux.

Jeûne, ma faim ! Mais toi, rage, sois assouvie !
O vol ! Crime ! J'ai droit d'assaillir ce passant.
Et je vois, à guetter son ombre poursuivie,

Dans une nuit de fiel un arc-en-ciel de sang.

LXV

Dans la cave un rayon de soleil ! Le serpent
Se sauve, en écrasant le cryptogame obscène
Dont le gland dégonflé s'affale en peau qui pend.

C'est toi ce rayon clair, orgueil, ô flamme saine !
Qu'importe si parfois tu fêles les cerveaux
Sous les coups de soleil que ta lumière assène !

Au moins ils ne sont plus ces ténébreux caveaux
Où de haine et d'envie et d'horreur on frissonne.
Je ne peux vous haïr, vous sur qui je prévaux.

Je sais trop qui je suis pour envier personne.

LXVI

BALLADE DU BON PAIN

Chacun trouve son pain bon pain,
Mendiant rongé de vermine,
Ouvrier mangeur de lapin,
Riche que la truffe extermine.
Sous la soie ou sous l'étamine,
Personne au pain n'a rechigné.
Mais, pain de luxe ou de chaumine,
Le bon pain, c'est le pain gagné.

Eh ! l'héritier, faignant, clampin,
Que ton héritage efféminé,
Bouche en cul de poule, poupin,
A mon quignon tu fais la mine.
Ton lorgnon de haut l'examine.

« Pain noir !... » Va donc, trop bien peigné !
Noir ? Mais mon travail l'illumine.
Le bon pain, c'est le pain gagné.

Et toi, par des tours de Scapin,
De ceux que le bagne termine,
Au pauvre tu pris son lopin.
Pour ton or le juge en hermine
Fut tendre : à ta table il rumine.
Le sang que les gueux ont saigné,
Ton pain le sent. Je l'abomine.
Le bon pain, c'est le pain gagné.

ENVOI

Prince, j'ai connu la famine.
Après avoir dur besogné,
J'ai du pain blanc. Qui l'incrimine ?
Le bon pain, c'est le pain gagné.

LXVII

BALLADE DE LA ROSE

Chez toi l'on se rue en cuisine,
O banquier, roi de l'univers.
De partout l'on t'emmagasine
Pêches, raisins, fraises, pois verts,
Même au temps des plus durs hivers.
Pourtant tu mangerais morose
Si les fleurs manquaient aux couverts.
On vit sans pain ; pas sans toi, rose.

Toi, qu'affame notre lésine,
Vieux pauvre, aux tas d'ordure ouverts
Ta faim avec les chiens cousine,
Parmi les détritus divers,
Os, trognons, lambeaux pleins de vers.

Tiens, cent sous ! Que ton cœur s'arrose
D'eau d'af qui le foute à l'envers.
On vit sans pain ; pas sans toi, rose.

Le long des murs noirs de l'usine,
Avril rit dans les mâchefers.
Sous le rideau de ma voisine
J'aperçois des bouquets offerts.
La mignonne chante au travers,
Rose, en dépit de la chlorose
Que lui font les jeûnes soufferts.
On vit sans pain ; pas sans toi, rose.

ENVOI

Prince, les sots et les pervers
Disent que ça suffit, la prose.
Mais le monde a besoin des vers.
On vit sans pain ; pas sans toi, rose.

LXVIII

Poète, ne sois pas clairon, mais cornemuse,
Mais crincrin de bastringue aux refrains engageants.
Mieux encor! Prends patente, et, sous l'œil dessergents,
Viens aux bourgeois repus prostituer ta Muse.

Retrousse-lui le nez en faunesse camuse,
La jupe aussi. Qu'elle ait les tétons indulgents,
La cuisse gaie. Et sois son maquereau. Les gens
Te paieront bien, si la petite les amuse.

Ainsi tu te feras un avenir cossu.
Tu seras un monsieur qu'on décore, et reçu,
Gendre futur, *au sein* des familles honnêtes.

Pourquoi sonner la charge en nos calmes cités ?
Nos ventres gras à lard ont peur des baïonnettes,
Et nos bas-ventres seuls veulent être excités.

LXIX

Assez chanté pour eux de ces lâches chansons !
Non, la Muse n'est point une fille de joie.
Viens, guerrière, en habits d'acier, et non de soie !
C'est dans un ouragan de mort que nous passons.

Au combat ! J'ai jeté ma viole aux buissons,
J'ai fait de mon archet un glaive qui flamboie.
O chapons, le poète est un oiseau de proie.
Allons, tas d'engraissés, en garde ! Commençons.

Sans honneurs, sans profits, sans disciple qui m'aime,
Au combat ! Et, bourgeois, vous danserez quand même,
Mais ainsi que les ours qu'on mène par le nez.

Au grand soleil je vous traînerai hors des antres,
Et pour marquer le pas à mes vers forcenés
Je battrai du tambour sur la peau de vos ventres.

LXX

On a de ces jours-là, pourtant !... Adieu devoir,
Effort, dignité, tout ! On trouve délectable
Le sort du bœuf repu bavant à l'abreuvoir.

On ne quitte le lit que pour se mettre à table.
On a pris son parti d'être un lourd ruminant
Dont le ventre se vautre au fumier de l'étable.

On se dit qu'il est doux de jouir, maintenant,
Pendant qu'autrui bataille et pâtit sans relâche ;
Et, cynique, on n'a point de honte en comprenant

Qu'on emplira sa bière avec le corps d'un lâche.

LXXI

Il est bon que parfois vous vous exterminiez,
Hommes qui pullulez comme un troupeau d'esclaves.
Tue ! A mort ! L'héroïsme est la fleur des charniers.

Rouvre-toi, vieux volcan, Guerre, et crache tes laves.
Nous avons de la boue au cœur et sur nos fronts.
Dans ton feu qui nettoie il faut que tu nous laves.

Hurrah ! Guerre, au galop ! Viens, nous nous remettrons,
Chargeant en plein poitrail ton cheval qui se cabre,
Du lyrisme dans l'âme au chant de tes clairons

Et du fer dans le sang au tranchant de ton sabre.

LXXII

BALLADE DE LA FORCE

Le droit ! Qu'entends-tu par le droit ?
Mot creux, duperie et fallace !
On en parle ; mais nul n'y croit.
Où le prend-on ? Quelle est sa place ?
Chez le roi ? Chez la populace ?
Dans l'évangile de Jésus ?
Bah ! sur lui chacun se prélasse.
Quand il crie, on s'assoit dessus.

C'est un lampion qui décroît.
C'est un vieux canon sans culasse.
C'est un corsage trop étroit
Que la conscience enfin lasse
Pour se prostituer délace.

Après un tas d'affronts reçus,
Il est tombé dans la mélasse.
Quand il crie, on s'assoit dessus.

C'est un mort depuis longtemps froid,
Et qu'à l'envers on échalasse
Pour qu'il ait l'air droit à l'endroit.
Mais elles s'en vont en filasse,
Les lois dont on le matelasse ;
Et l'on rit comme des bossus
De cette roideur si mollasse.
Quand il crie, on s'assoit dessus.

ENVOI

Prince, et tu voudrais que j'allasse
Pleurer des culs qu'il a déçus !
La Force a le Droit pour paillasse.
Quand il crie, on s'assoit dessus.

LXXIII

BALLADE DU DROIT

Mais ces justes martyrisés,
Comment les forcer à se taire ?
Si du droit que vous méprisez
Je m'estime le mandataire,
Je le serai, farouche, austère,
Dussé-je, perchoir de corbeau,
Pendre à la corde gibétaire !
J'ai le cœur des gueux pour tombeau.

Tes lèvres ont soif de baisers,
Misérable, errant, grabataire.
Aux maudits de haine embrasés
Je serai l'eau qui désaltère.
Pour le pauvre et le prolétaire

Lutter, seul contre tous, c'est beau.
Leur droit soit mon saint ministère !
J'ai le cœur des gueux pour tombeau.

O Bastille aux donjons rasés,
Rouvre-moi ton hideux mystère !
A l'œuvre, bourreaux ! Écrasez
Ce fou têtu qui déblatère !
Je cracherai comme un cratère,
J'éclairerai comme un flambeau.
Qu'importe ma mort solitaire !
J'ai le cœur des gueux pour tombeau.

ENVOI

Prince, ma peau de réfractaire,
Fais-en, dans un rouge lambeau,
Le tambour du droit sur la terre.
J'ai le cœur des gueux pour tombeau.

LXXIV

Qui donc n'a pas rêvé d'être un Napoléon ?
De ceci, de cela, des arts, de l'industrie,
De la Bourse ! Il en est de la moutarderie,
Du journal, de la rampe et de l'accordéon.

S'appelât-il Léon, voire Pantaléon,
Chacun veut qu'en passant la gloire lui sourie.
Les grands hommes sont trop. Tu t'épuises, patrie.
Tu vas faire craquer les murs du Panthéon.

Quels flots de ruban rouge ! On le débite au mètre.
Que de gens sur un socle ! Où pourrons-nous te mettre,
Peuple marmoréen de dieux en paletots ?

Faudra-t-il, sur Paris dressant un vaste dôme,
En monuments pieux changer les Rambuteaux
Et tous les becs de gaz en colonnes Vendôme ?

LXXV

La vie ! Une chambrée. On ne peut à l'écart
Y vivre. L'un à l'autre on s'y rend des services.
Sinon, tu subiras brimades et sévices,
Et, blessé, tu n'auras personne à ton brancard.

Avec les vieux troupiers on devient un brisquart.
On demeure un conscrit à suivre les novices.
Tu veux dominer l'homme ? Apprends d'abord ses vices.
Joue au tripot, bois au bouge, couche au bocart.

Mais ton cœur se soulève à cet apprentissage ?
Soit ! Renonce au bâton de maréchal, sois sage,
Fais ton congé parmi les humbles, les souffrants,

Sans espoir d'avancer reste un pioupiou du centre,
Pauvre chair à canon bonne à serrer les rangs,
Et meurs comme un melon, la graine dans le ventre.

LXXVI

De la dame de pique à l'œil faux de catin
Je fus l'amant, prodigue et tout ensemble avide.
O nuits de jeu, jusqu'à six heures du matin !

On a la tête lourde, et qui pourtant se vide,
Les reins raidis, les os séchés ; du tapis vert
Le vert semble monter à votre peau livide.

Mais quel coup dans le cœur, chaque coup découvert !
Angoisse toujours neuve aux banques obstinées !
Être là, comme un Dieu, dont le geste entr'ouvert

Jette au noir du néant l'éclair des destinées !

LXXVII

Ton bonheur dépendrait d'une carte qui sort !
Non. L'unique moyen d'être un dieu sur la terre,
Ce n'est pas de tenter, mais de dompter le sort.

Si ce dieu, dont ton rêve a créé le mystère,
Existait, il serait le maître du destin,
Et ne le ferait pas d'un geste involontaire.

Le *Grec* est le seul dieu du tripot clandestin.
C'est lui qui nous gouverne, insensés que nous sommes.
Bonsoir ! Ambition, à l'œuvre ! Il est matin.

Allons pétrir, non plus les cartes, mais les hommes.

LXXVIII

BALLADE DE L'OURS

Orphée, aux temps où tu vécus,
Bêtes, arbres, la fleur, la graine,
Et jusqu'aux rochers convaincus,
Écoutaient ta voix souveraine.
La lyre était la grande reine
De tous les êtres prosternés.
Aujourd'hui, le monde l'embrène.
Il faut mener l'ours par le nez.

L'aigre musique des écus
Est la seule dont on s'éprenne.
Chante-la donc, en cris aigus,
Si tu veux être la sirène
Aux pieds de laquelle on se traîne.

Alors les mufles enchaînés
Se laisseront passer la rêne.
Il faut mener l'ours par le nez.

Ou bien sois fort. Tous ces cocus,
A ta puissance suzeraine,
De leurs femmes, cœurs, seins et culs,
Offriront humblement l'étrenne.
La bassesse contemporaine,
Docile aux coups bien assénés,
A pour sceptre un bâton de frêne.
Il faut mener l'ours par le nez.

ENVOI

Prince, adieu la lyre sereine !
Ronflez, tambours ! Cuivres, sonnez !
La Muse est dompteuse foraine.
Il faut mener l'ours par le nez.

LXXIX

BALLADE DE LA LYRE

Fi du jeu, puisqu'il favorise
Le *Grec* aux profits clandestins !
Fi de l'ambition ! Méprise
La force, recours des crétins,
Et l'astuce, arme des catins.
Laisse aux autres la tirelire,
L'or volé, les honneurs atteints.
Comme un drapeau porte ta lyre.

Sous les doigts salis de traîtrise,
Ou qu'un sang de victime a teints,
Ou que le gros sou vert-de-grise,
La lyre aux accents argentins
Ne rend plus que des sons éteints.

Ceux que la gloire doit élire
Vivent sur des sommets hautains.
Comme un drapeau porte ta lyre.

Baigne tes cheveux dans la brise,
Tes yeux dans les pleurs des matins.
Du bois chantant, du flot qui brise,
Traduis les accords incertains.
Fais des vers que les temps lointains
Aimeront à lire et relire.
Ne cherche point d'autres butins.
Comme un drapeau porte ta lyre.

ENVOI

Prince, loin des communs festins,
Mange ton cœur, bois ton délire,
Baise ta Muse aux purs tétins.
Comme un drapeau porte ta lyre.

LXXX

O mort, bon fantôme aux yeux creux
Qui viens terminer nos souffrances,
Espoir de nos désespérances,
Mort délectable aux malheureux,

Ce qui te rend sans prix pour eux,
N'est-ce pas la vie et ses transes,
Comme aux marins les biscuits rances
Font le pain frais plus savoureux ?

Donc, vous tous que vivre harasse,
Au mal de vivre rendez grâce.
Vive la vie et son tourment !

Contre elle injustement l'on rage.
Si la mort est un port charmant,
C'est que la vie est un orage.

LXXXI

Ce qui fait la félicité
De vivre, c'est la mort future.
Être en doute de sa pâture
Vous tient l'appétit excité.

O bonheur, d'être limité !
Durer sans fin, quelle torture !
Vive la mort ! Si d'aventure
On nous donnait l'éternité,

Notre faim, d'avance assouvie,
Ne prendrait plus goût à la vie,
Désormais sans vœu, sans remord,

Sans inconnu qui nous enivre,
Et nous inventerions la mort
Pour avoir du plaisir à vivre.

LXXXII

Dans le ciel de fournaise où flambe Thermidor
Il pleut du feu. Le vent souffle du feu. La terre
Craque de feu, brasier de cendre aux braises d'or.

Aucune auberge sur la route solitaire !
Point d'arbre ! Mais voici qu'une source a chanté,
Et rien que sa chanson déjà vous désaltère.

Quoique las et fourbu, l'on court de ce côté.
O caresse de l'eau, douce à la gorge rêche !
Et comme on te chérit, toi qui, farouche été,

Rends plus âpre la soif, mais la source plus fraîche !

LXXXIII

O feu, fils du soleil, feu rouge et radieux,
Feu purificateur, dieu des races premières,
Pour les hommes derniers futur dernier des dieux !

Il fait nuit. Il fait froid. Les célestes lumières
Sont en neige. La bise a glacé les chemins.
Oh ! les âtres, les gens autour, dans les chaumières !

Entrons ! Au voyageur les pauvres sont humains.
Et voici que debout, grave et sacerdotale,
Mon attitude semble en étendant les mains

Bénir le feu mystique et l'hiver sa vestale.

LXXXIV

BALLADE DES PLAISIRS

Ah ! le plaisir, quel plaisir est-ce,
Si, même avant d'avoir été,
Il darde sous ta rose, Ivresse,
Ton épine, Satiété ?
O bonheur d'avance guetté
Par de trop certaines tortures !
O pleurs que sème la gaîté !
Plaisirs présents, peines futures.

Est-il vrai, cœur plein d'allégresse,
Que souvent, près d'être fêté,
Au seuil ouvert de ta maîtresse
Brusquement tu t'es arrêté
De battre, pris d'anxiété

Au su des noires aventures
Dont tout amour est maltraité ?
Plaisirs présents, peines futures.

Est-il vrai, quand la faim nous presse.
Devant le repas apprêté,
Que tout parle à la folle ogresse
De la sage sobriété,
Et que, par les désirs fouetté,
On sent déjà les courbatures
Du prochain réveil hébété ?
Plaisirs présents, peines futures.

ENVOI

Prince, oui, le sort l'a décrété :
Les dégoûts sont fils des bitures.
A printemps joyeux, morne été.
Plaisirs présents, peines futures.

LXXXV

BALLADE DE LA PEINE

Tu meurs de faim ? Oh ! l'homme heureux !
Avec quelle panse élargie,
Quels coups de gueule valeureux,
Tu vas guérir ta gastralgie !
Fût-ce de pain sans fromagie,
Quand tu bâfreras à loisir,
Quelle crevaille, quelle orgie !
Grain de peine, fleur de plaisir.

Tu meurs d'amour, pauvre amoureux,
Pied de grue et l'œil en vigie
Devant un seuil trop rigoureux.
Mais ta belle à ta stratégie
Doit céder. Adieu l'élégie !

Dans tes bras tu vas la saisir,
Mourant soudain plein d'énergie.
Grain de peine, fleur de plaisir.

Tu meurs de rêver, songe-creux !
Les hommes à l'âme assagie,
Pendant que tu saignes pour eux,
Traitent ton soleil de bougie.
Mais ta foi, féconde en magie,
Au firmament de ton désir
Voit l'aube de ton sang rougie.
Grain de peine, fleur de plaisir.

ENVOI

Prince, fais donc l'apologie
Du bien ou du mal, sans choisir ;
Car l'un de l'autre est l'effigie.
Grain de peine, fleur de plaisir.

LXXXVI

Arbre sans pied ni cime, aux branchages touffus
Que le vent du possible en tous sens échevèle,
Parterre en fleurs toujours de floraison nouvelle,
Matière, tu n'es pas ; tu seras et tu fus.

Aux caves du grand Tout sont d'innombrables fûts
D'où le vin sans tarir coule à pleine cuvelle.
Le Hasard, qui s'en soûle, y remplit sa cervelle
De rêves infinis infiniment diffus.

Que savons-nous de toi, monde, nous qui vécûmes
Dans une goutte d'eau d'une de tes écumes ?
Humbles, que voyons-nous de ta sublimité ?

Nous cherchons cependant une loi qui la gère,
Sans songer qu'une loi bornant l'illimité,
Éternelle pour nous, est pour lui passagère.

LXXXVII

Mais il ne fleurit pas, Nature, ton printemps,
S'il n'est beau pour personne et fleurit solitaire,
Si nul passant ravi n'admire ton parterre,
Si toi-même es sans yeux à ses tons éclatants !

Mais ils coulent en vain, ces fûts cataractants,
Où seul l'inconscient Hasard se désaltère !
Le ciel mystérieux ignore son mystère.
L'infini ne sait pas qu'il a des habitants.

Il faut ma soif d'un jour, pour que soit mesurée
La tonne d'où sans fin ruisselle la durée.
A ce grand Tout aveugle il faut mon regard clair.

Et c'est dans le miroir de mes humbles prunelles
Que le monde, fixé pour le temps d'un éclair,
Concentre, sans les voir, ses splendeurs éternelles.

LXXXVIII

Heureux qui ne sait rien ! Pour lui tout est féerique.
Sur des flots inconnus c'est le conquistador
Qui chaque jour découvre une vierge Amérique.

Palais de l'ignorance, où tout est corridor
Conduisant de merveille en merveille nouvelle
Par des gradins pavés de diamants et d'or !

Ignorance, printemps en fleurs dans la cervelle,
Faim devant un repas, soif près d'un abreuvoir,
Regard d'aveugle à qui la clarté se révèle !

Celui qui ne sait rien croit qu'on peut tout savoir.

LXXXIX

Heureux qui sait tout ! L'âme, éparse dans les choses,
Du monde inconscient, prend conscience en lui.
Aux grappes des effets il boit le vin des causes.

Science, prison noire où ton glaive a relui,
Ange des libertés au casque de lumière !
Pain charitable qu'on partage avec autrui !

Au mälstrom du néant descente coutumière,
Et dont, quand on a vu le fond qu'on voulait voir,
On rapporte sa fleur d'ignorance première !

Car, sachant tout, on sait qu'on ne peut rien savoir.

XC

BALLADE MÉTAPHYSIQUE

O métaphysique, appétit
D'ouïr parler qui veut se taire,
De savoir où va, d'où sortit
Et comment est fait le mystère !
Dire que de nous, vers de terre,
Ce Tout qui doit nous écraser,
Nous pensons qu'il est tributaire !
Le ciel tient bien dans un baiser !

Quoi ! Notre cerveau si petit,
Ce rien qui pour un rien s'altère
Et brusquement s'anéantit,
Pourrait inventer l'inventaire
De l'Être à l'orbe ubiquitaire !

L'infini viendrait s'y caser !
Pourquoi pas ? Tente et réitère.
Le ciel tient bien dans un baiser !

Vois plutôt. L'ombre t'investit ;
L'espace est noir ; tout s'oblitère ;
Mais il suffirait que partit
Le trait d'un éclair solitaire,
Pour que du Chien au Sagittaire
Ton œil vit soudain s'embraser
Tout l'abîme ultraplanétaire.
Le ciel tient bien dans un baiser !

ENVOI

Prince, ton crâne fragmentaire,
Et qu'un grain de plomb peut briser,
Du monde il est dépositaire.
Le ciel tient bien dans un baiser !

XC

BALLADE ANTIMÉTAPHYSIQUE

Pourquoi tenter le ciel immense
Dont nul jamais n'est revenu ?
Pourquoi ce désir de démence,
D'absorber en toi, contenu,
Le contenant ? C'est saugrenu.
Tu te crois aigle et n'es qu'une oie.
Reste à terre, trotte-menu.
Dans son propre cœur on se noie.

De ton toi, lamentable manse
Où tu vis comme un détenu,
A peine as-tu l'accoutumance,
Et tu fais ce rêve cornu
De voguer, lourd esprit charnu.

Au gouffre où l'infini tournoie
Éternellement continu !
Dans son propre cœur on se noie.

Tenir le fruit et la semence
De tout dans ton poing si ténu,
Voilà ton espoir. Mais commence
Par toi-même, pauvre ingénu.
A s'étudier, soi, tout nu,
Que de jours en vain l'on journoie !
Et de quoi s'est-on souvenu ?
Dans son propre cœur on se noie.

ENVOI

Prince, alchimiste au front chenu,
L'or du ciel point ne se monnoie.
Tu veux plonger dans l'inconnu ?
Dans son propre cœur on se noie.

XCII

Quoi ! Sonner la diane à ce peuple, endormi
Dans la stupidité dont il a l'habitude !
Et si dormir toujours fait sa béatitude,
De quel droit la troubler en claironnant emmi ?

Tu dis que le front noir de la nuit a blêmi,
Que l'aube du grand jour point pour la multitude.
O fou, tu ne connais donc pas l'ingratitude
De ces brutes, à qui l'apôtre est l'ennemi ?

Leur joie est d'égorger d'abord qui les réveille.
Du firmament nouveau contemple la merveille
Sans convier personne à ton ravissement.

Vers l'Orient levé marche d'un pas agile,
Mais furtif, en silence, et solitairement,
Et garde le secret du futur Évangile.

XCIII

Mais qui leur chantera l'annonce des matins,
A ceux qui vivent sous des ténèbres d'éclipse ?
L'éleusiaque arrêt, la claire Apocalypse,
Qui leur en ouvrira les huis adamantins ?

En ce temps de ferveur âpre et de cris lointains,
Malheur au sourd-muet du moi, honte au solipse !
Non. Claironne sans peur, et parle sans ellipse.
Dévoile Isis. Que tous boivent à ses tétins !

Debout ! J'ai vu le jour. Il est proche, vous dis-je.
Mes frères, avec moi courez vers ce prodige.
Je ne veux pas jouir de l'aurore tout seul.

Sous vos réveils cruels qu'importe si je tombe !
Réveillez-vous ! J'aurai l'aurore pour linceul
Et le dieu nouveau-né pleurera sur ma tombe.

XCIV

Puisque tu n'as au dos que des embryons d'ailes,
Renonce à t'envoler, et de tes bras manchots
Ne tente pas en vain l'essor des hirondelles.

Arrange-toi, tant bien que mal, dans tes cachots.
Tâche que nul rayon du dehors n'y pénètre,
Nulle brise, apportant l'espoir des pays chauds.

Pour oublier l'azur que tu ne peux connaître,
Fixe à terre tes yeux dans l'ombre emprisonnés,
Après avoir bouché ta porte et ta fenêtre,

Et que ton horizon soit le bout de ton nez.

XCV

Non ! ce n'est pas encor la nuit et le silence !
Je ne peux vivre ainsi, tant que je suis vivant.
Du trou de mon volet toujours un rais s'élance.

Cette poussière d'or, c'est le soleil levant.
Ce bruissement doux qui passe sur les plaines,
C'est le vol du nuage aux caresses du vent.

Comme lui je frissonne à ces tièdes haleines.
J'ai beau me faire aveugle et sourd, j'entends, je vois :
De dansantes clartés mes ténèbres sont pleines,

Et dans mon cœur muet voici monter des voix.

XCVI

BALLADE DES MÉCHANTES ÉTOILES

Ah ! les étoiles éternelles
Nous attirent comme un aimant,
Avec leurs étranges prunelles
De topaze et de diamant.
Où vont silencieusement,
Trouant la nuit aux sombres toiles,
Ces abeilles d'or essaimant ?
Ne regarde pas les étoiles.

Car ces mystiques sentinelles
Versent dans nos cœurs le tourment
De l'infini qui luit en elles.
Nous qui passons, nous consumant
Parmi des rêves d'un moment,

Cela nous fait froid dans les moelles.
Qui veut vivre tranquillement
Ne regarde pas les étoiles.

Comme des femmes criminelles
Elles ont un regard charmant.
Chantant de douces ritournelles,
Elles disent qu'en les aimant
On sait le pourquoi, le comment,
Et qu'on peut soulever leurs voiles.
Mais ce n'est pas vrai. Leur voix ment.
Ne regarde pas les étoiles.

ENVOI

Prince, au gouffre du firmament
Ces dorades-là sont des squales
Dont nos raisons sont l'aliment.
Ne regarde pas les étoiles.

XCVII

BALLADE POUR LES ÉTOILES QUAND MÊME

Le dos au feu, le ventre à table !
Oui, ce vers bourgeois a raison.
Ce n'est pas un sort lamentable
De rester calme en sa maison
Et d'y savourer à foison
Les vins, les mets en ribambelles,
Soupes, ragoûts, rôts, venaison.
Mais que les étoiles sont belles !

Et si l'on n'est pas un notable
Poussant son ventre à crevaison,
Si l'on trouve plus délectable
De s'aimer, suivant la saison,
Sur la plume ou sur le gazon,

Certes, pigeons et colombelles,
Divine est votre pâmoison.
Mais que les étoiles sont belles !

Ah ! sur la mer épouvantable
C'est grand, d'aller comme Jason
Quérir la chimérique étable
Dont l'hôte a de l'or pour toison.
J'irai. J'ouvrirai la prison,
O bélier céleste, où tu bêles.
Vents, vagues, tout m'est trahison.
Mais que les étoiles sont belles !

ENVOI

Prince, il n'est pas de guérison
Pour nous autres, fous et rebelles,
Mangeurs d'air, buveurs d'horizon.
Mais que les étoiles sont belles !

XCVIII

« Qui que tu sois, qui vis en moi, qu'on nomme l'âme,
« Passagère habitante au taudis de mon corps
« Ou lueur du flambeau dont il fournit la flamme,

« Mon âme, je suis las de vos longs désaccords.
« Puisqu'il vous faut rester coude à coude sur terre,
« Jouez ensemble, lui des tambours, toi des cors,

« Hosanna pacifique ou marche militaire,
« N'importe ! Seulement, allez du même pas,
« Sinon, tais-toi, voilà mon ordre, ou fais-le taire. »

Mais tous deux ont crié : « Je ne me tairai pas ! »

XCIX

Et tandis que mon corps cherche le bien physique,
Et tandis que mon âme aspire au ciel rêvé,
Je demeure assourdi de leur rauque musique.

Mêlant la chanson grasse et le mystique *ave*,
Je soupire avec l'une et je braille avec l'autre,
La tête dans l'azur, les pieds sur le pavé.

J'ai des sommeils de brute et des réveils d'apôtre.
Je me sens m'abîmer dans un gouffre d'émoi
Voyant qu'au même instant je plane et je me vautre,

Et je clame : « De ces deux *moi*, lequel est moi ? »

C

« O moi, mon pauvre moi, parle, fais-toi connaitre !
« Je te cherche ; j'ai soif de t'aimer ; je te veux. »
Et voici que de tous les recoins de mon être

Un ouragan de cris répondant à mes vœux
Monte, où j'entends crier mon être fibre à fibre,
Du bout de mes orteils au bout de mes cheveux.

Et l'ouragan est tel que je perds l'équilibre
Et que je chois, la tête entre mes deux poings clos,
Sourd, soûl, fou, me croyant une conque qui vibre,

Pleine de tous les vents, grosse de tous les flots.

CI

Ah ! ce n'est pas deux *moi* qui sont en moi ! C'est dix,
Cent, mille, des milliers ! Venus de quels jadis,
A travers quels fourrés d'anciennes aventures,
Vers quels châteaux chantant d'espérances futures,
Lourds de quels souvenirs, riches de quels butins,
Poussés par quels espoirs qu'éveillent quels matins,
Courant à quel triomphe ou vers quelle déroute ?
Je ne sais ; mais ils sont, ils vivent, ils font route,
Et heurtés, pêle-mêle, à remous écumant,
Frénétiques, ils sont en marche éperdûment.
Ma volonté parfois se croit leur souveraine.
Illusion ! C'est leur tourbillon qui m'entraîne.
Je ne suis pas leur chef. Je ne suis qu'un d'entre eux.
Et cependant, au fond d'un fin fond ténébreux,
Par moments un éclair s'allume, où je me semble
Être l'accord final, l'âme de cet ensemble,
Une foule unanime avec ma voix pour voix.
Moments furtifs, après lesquels je me revois

Perdu parmi les flots de cette mer humaine
Qui s'agite en moi sans que personne la mène.
Cette mer, je ne dois pas même par l'oubli
M'en évader. Comment la fuir ? J'en suis rempli.
Autant vaudrait vouloir sauter hors de mon ombre.
Cette houle de *moi* qui pullulent sans nombre
En moi, les rejeter de moi, je ne peux pas.
Dans tout ce que je suis, j'entends grouiller leurs pas.
Dans tout ce que je sens, je vois fleurir leurs rêves.
Mes gestes et mes dits et mes faits sont les grèves
Où viennent aboutir ces tas de flots hurleurs
En des actes que je crois miens et qui sont leurs.
Car les leurs ou les miens, à quoi les reconnaître ?
Mêmes aspects partout, qu'un même esprit pénètre !
Car leurs vœux, leurs regrets, leurs péchés, leurs remords,
Leurs songes, leurs raisons d'être, ne sont pas morts.
Mais, en un rut phénix qui sans fin recommence,
S'engendrent à jamais de leur propre semence.
Et ces vœux, ces raisons, ces songes, en effet,
Qu'ils soient miens ou soient leurs, qu'importe ? J'en suis fait.
Ainsi s'évanouit l'orgueilleuse chimère
De me constituer un moi, fût-ce éphémère,
Mais défini, précis, à part, indépendant.
Tous ces tenaces moi, que je suis, m'obsédant,
Même au plus seul de la plus seule solitude,
Je suis toujours peuplé par cette multitude.

Eh bien ! n'en ayons pas de honte ni d'effroi !
De cette multitude au moins soyons le roi !
Mon orgueil peut encor dans sa déconfiture
A s'apothéoser ainsi trouver pâture.
Oui, je suis un pays aux énormes cités
Dont tous les habitants vivent ressuscités
A la fois, ceux des temps passés, ceux de naguère,
Avec ceux d'aujourd'hui, tous, les grands, le vulgaire,
Héros, gueux, jusqu'aux plus obscurs, aux plus petits,
Tous reprenant soudain leurs anciens appétits
Inapaisés, leurs soifs qu'il faut qu'on désaltère,
Leur besoin d'expliquer le monde et son mystère,
De s'y créer des droits, de s'y faire un devoir,
Ou leur goût à jouir des choses sans savoir
Quelle cause préside aux effets délectables ;
Tous, tous, les favoris du destin, dont les tables
Regorgèrent de mets et les coffres d'écus
Et les lits de tétons, de ventres et de culs ;
Tous, les bons dont la main en fleurs fut aumônière,
Les pauvres doux, crapauds écrasés dans l'ornière,
Les révoltés, serpents qu'on traite d'assassins
Parce qu'à la nourrice ils ont mordu les seins,
Tétant du sang au lieu du lait qu'on leur refuse ;
Tous, les humbles sans bien, sans nom, troupe confuse
De bestiaux paissant dans les herbes couchés
Ou blancs moutons conduits par de rouges bouchers ;

Et ceux-ci, les brutaux, les forts, aux pourpres trognes,
Bras velus, poings pesants et poitrail large, ivrognes
De domination, de gloire et de fureur,
Vêtus d'or et debout sur un char d'empereur
Dont les quatre chevaux les roulant jusqu'au sacre
S'appellent Deuil, Ruine, Incendie et Massacre ;
Et revivent aussi les semeurs de bienfaits,
Inventeurs, grâce à qui s'allège un peu le faix
Des lourds labeurs où nous condamne la nature,
Sages, prophétisant la concorde future,
Artistes, faisant luire à la flamme du beau
Dans la nuit du réel un idéal flambeau,
Poètes, dont les chants aux sonores mensonges
Se déploient en décors de splendeurs et de songes
Pour nous cacher l'abîme autour de nous béant
Que creuse à tous nos pas l'universel néant ;
Et revivent encor dans cette foule immense
Ceux qui furent avant que l'histoire commence,
Au temps où n'existait pas même une cité,
Le pays que je suis n'étant lors habité
Que par des larves dont on a perdu mémoire,
Depuis ceux dont le nom est devenu grimoire
En des livres sacrés que nul ne comprend plus,
Jusqu'à ceux qu'on voit fondre en remontant le flux
Des légendes vers leurs sources les plus brumales,
Et même jusqu'à ceux des races animales

Ayant pour seuls outils leurs ongles et leurs dents,
Qui passèrent des ans, des ans, des cycles d'ans
A se dissocier des brutes et des fauves,
Dans cet unique effort, d'être saines et sauves,
Sans prendre conscience encor de leurs destins,
Sans aurore d'idée en la nuit des instincts,
Sans laisser pour témoin de leur étape brève
Quelque objet conservant un souvenir de rêve,
Fût-ce un caillou marqué par un autre d'un cran,
Rien, et qui toutefois, jour par jour, an par an,
De la sorte ont vécu des siècles à centaines ;
Et leurs sensations, que je crois incertaines
Parce qu'ils n'avaient point, pour les noter, des mots,
Ils les sentaient pourtant, et leurs nerfs d'animaux
En vibraient, les gravaient en leur vierge cervelle,
Et plus profondément chaque empreinte nouvelle
Creusait un point, et point par point ces millions
De points se rejoignaient pour tracer des sillons
Où la cervelle enfin devait, ensemencée,
Porter tes fleurs, ô verbe, et tes grains, ô pensée !
Et tous ces *moi*, les plus lointains, les plus confus,
Les plus vagues, en moi revivent. Je les fus.
Je les suis. Je ne peux les forcer à se taire.
Je suis tout le passé de l'homme sur la terre,
Passé toujours présent rué vers l'avenir,
Tumultueux chaos qui veut se définir,

Monstre aux cent milliards de milliards de vies
Qui par des milliards d'autres seront suivies
Et qui toutes ont soif de boire en s'y jetant
L'immuable éternel dans le fugace instant.
Je suis tout cela, oui ! Que mon orgueil s'exalte !
Cette marche de tout, j'en vais être la halte.
Condensée en un point et résumée ainsi
S'absorbera la sphère au centre que voici.
Je suis tous les finis infinis que nous sommes.
Je suis tous mes aïeux, tous mes fils, tous les hommes,
Tous les êtres de qui mon être est l'élixir,
Tout leur pèlerinage aux chemins du désir,
Tous leurs matins d'espoirs, toutes leurs nuits de transes,
Toutes leurs voluptés et toutes leurs souffrances,
Tout ce qu'ils ont voulu sans le pouvoir jamais.
Je suis tous les instincts, conscients désormais,
De la brute, et de l'arbre, et de l'algue fantôme,
Et des eaux, et des gaz, et de l'informe atome,
Et de tout ce qui fut et de tout ce qui est
Dans l'océan sans bords de ce tout inquiet.
Je suis tous les esprits et toutes les matières,
La résurrection de tous les cimetières
Aux tombeaux devenus berceaux et recréant.
Je suis tout l'univers. Je suis tout le néant.
Hélas ! tout le néant, surtout. Car j'ai beau faire,
Pas plus ici qu'ailleurs ne s'absorbe la sphère

Qui dans l'absurdité du tourbillonnement
Ne va que pour changer de centre à tout moment ;
Et je n'ai même pas, dans la houle compacte
Qui hors de moi déborde et sur moi cataracte,
A travers tant de *moi* dont je suis les séjours,
Trouvé mon pauvre mien que je cherche toujours.

LES ÎLES D'OR

I

A la fin j'ai compris vos voix,
Vous tous que je suis, et j'y vois.
Orgueil, descends de ton pavois !

Conscience pilote, abdique !
Inconscient, seul véridique,
Instincts dont chacun revendique

La barre que tu ne tiens pas,
Vaine raison qui me trompas,
O vous tous, prenez le compas !

Et puisqu'en tous l'entéléchie
Est diversement réfléchie,
Gouverne, pilote Anarchie !

Nul moi n'a de droits absolus
Sur les autres. Tous sont élus.
Un Paradis, n'y pensons plus !

Un Paradis, où, bien garée
A l'abri de toute marée,
Reste enfin la nef amarrée,

Bonsoir ! Nef de gueux, de bandits,
Ces ports-là te sont interdits.
Non pas un, mais des paradis,

Non toute la paix, mais des trêves,
Voilà ce qu'il faut que tu rêves
Et cherches de grèves en grèves ;

Non le cher pays des aïeux
Auquel partout sous d'autres cieux
On songeait, des pleurs dans les yeux ;

Non plus le pays chimérique,
Eldorado, neuve Amérique,
Où, rois d'un royaume féerique,

Sans-patrie au cœur ulcéré,
Vous vous feriez le sol sacré
D'une patrie à votre gré ;

Pas même un havre où l'on s'arrête
Pour jamais, ponton en retraite ;
Mais des haltes, la voile prête,

En des anses pleines de nuit,
Dont, avant l'heure où le jour luit,
A tâtons et vite on s'enfuit ;

Des débarquements de corsaire
Où contre la côte on se serre
Tout juste le temps nécessaire

A rafistoler le bateau,
Le radouber quand il fait eau,
Fouiller le val et le coteau

Quêtant du gibier, une source,
Pour reprendre aussitôt sa course
Vers le nez de la Petite-Ourse ;

Des atterrissages risqués,
Toujours ardus, souvent manqués
Quand c'est le roc qui sert de quais ;

De courts repos sur le rivage
D'une île inconnue et sauvage ;
Des partances dès l'arrivage ;

Voilà vos paradis certains,
Les seuls que vous aurez atteints,
Paradis furtifs, clandestins,

Paradis où l'ancre s'envase,
Paradis à la brève extase,
Paradis de hasard, d'occase,

Paradis de quelques instants,
Qui, tels que vous, leurs habitants
D'un soir, sont fuyards et flottants,

Oui, les voilà, mes camarades,
Batteurs des liquides estrades,
Vos pauvres paradis sans rades,

LES ÎLES D'OR

Les seuls qui pour un jour, deux jours,
Vous offriront d'humbles séjours,
Et qu'il faudra quitter toujours ;

Toujours, car même dans leurs anses
Vous n'aurez à vos suffisances
Sûrs loisirs ni longues plaisances,

Car parmi les flux et reflux
Ces îles aux pieds vermoulus
N'ont pas jeté l'ancre non plus,

Et près de leur terre mouvante
Si vous attendez trop qu'il vente,
Souvent vous aurez l'épouvante

De sentir, un soir de gros temps,
Au souffle d'étranges autans
Osciller ses bords hésitants,

Et de la contempler qui tangue,
Roule, grouille, elle et sa calangue,
Et vous verrez, la face exsangue,

L'œil fou, l'île se décrocher
Du fond de la mer, et, rocher
Devenu bateau sans nocher,

Devant vous qui touchiez sa rive,
Vers l'ombre dont le spectre arrive
Gagner le large à la dérive

Et sous le brouillard et l'embrun
Perdre ses contours un par un
Ainsi que dans l'horizon brun

Se fond un vol de procellaire
Dont au ras des flots s'accélère
L'évasion crépusculaire.

II.

Ainsi, vous fuirez, les îles !
Vous m'échapperez, asiles !
    J'admets.
Soit ! Sur vos bords de fantôme
Aucun toit, fût-il en chaume,
    Jamais !

Aucun champ, dont on espère
Faire soi-même un prospère
    Lopin
Où la femme et les marmailles
Auront, grâce à nos semailles,
    Du pain !

Soit ! Nul, sur ce roc sans base,
N'aura son jardin, sa case,
  Son puits.
Nul, chez toi, spectre de terre,
Ne sera propriétaire.
  Et puis ?

Une heure est quand même une heure.
Je te bénirai, demeure
  D'un soir,
Où j'aurai pu, comme à table,
Sur quelque chose de stable
  M'asseoir.

Tu me seras toujours douce
Pour cette heure où dans la mousse,
  Parmi
Tes fleurs au bouquet sauvage,
J'aurai, rêvant l'arrivage,
  Dormi.

Pour ces instants qu'on y coule
Loin du roulis de la houle,
  Coin frais,

Je te serai toujours tendre,
A quoi qu'il faille m'attendre
      Après.

Tu dois au vent qui t'emporte
T'évanouir. Bien ! Qu'importe !
      Voici
Tout ce que mon cœur qui t'aime
Te dira comme anathème :
      Merci !

Merci du repos agreste
Dont le souvenir me reste
      Charmant,
Et merci des espérances
Que je vais, malgré mes transes,
      Formant !

Car, si chaque île est une ombre,
Les îles d'or sont sans nombre.
      Donc, fais,
Pars, fuis, île qui m'exiles !
Il est là-bas d'autres îles,
      J'y vais.

III

Puis, que ces terres soient fugaces, je l'accorde ;
Mais qu'en aucune on n'ait trouvé miséricorde,
Et qu'entre l'arrivée exquise et le départ
Lamentable on ne doive y goûter nulle part
Dans la halte furtive une ivresse infinie,
Et que tout l'archipel soit désert, je le nie.
Si les îles sont d'or, ce n'est pas seulement
Parce que notre espoir en fait l'enchantement
Et que sur l'horizon de la mer qui sommeille
Le couchant les maquille à sa poudre vermeille.
Non ! Beaucoup restent d'or, même à les voir de près.
De fruits plein les vergers, de blés plein les guérets,
D'oiseaux au fond des bois, de bouquets par les sentes,
Plus souvent qu'on ne croit elles sont florissantes.

Il en est où l'Avril est la saison sans fin,
Un tiède Avril, au ciel d'émeraude et d'or fin
Dans lequel une aurore éternelle rougeoie.
Il en est où des gens vivent toujours en joie,
Souriants, généreux, au seuil hospitalier,
N'ayant d'autre souci qu'à vous faire oublier,
Dans les quelques bons jours qu'ils vous donnent à terre,
Le réembarquement sur la mer solitaire.
Il en est dont le bord, loin d'être inhabité,
Pullule d'une énorme et splendide cité
Aux quais tumultueux regorgeant de tavernes.
Et celles-là, souvent, c'est toi qui les gouvernes,
O Roi qui règnes, doux, dans les vieilles chansons,
Roi des contes de fée, ayant des échansons,
Des cuisiniers, des fous et des coquecigrues
Pour ministres, bon Roi qui veux que par les rues,
Des matins jusqu'aux soirs, des soirs jusqu'aux matins,
Ton peuple soit toujours en noces et festins.
O les grasses cités d'orgiaque tapage !
Débarquons ! Tout le monde à quai ! Tout l'équipage
En bordée ! Et la fête aux plus gueux, sans débours !
Lampions, torches, feux d'artifice, tambours,
Cortèges, chœurs, ballets, pantomimes et farces !
Tout le long des trottoirs, des guirlandes de garces
A la bouche de rose, aux clins d'œil assassins,
Laissant mordre gratis les fraises de leurs seins !

A tous les carrefours illuminés, des tables
Gigantesques, fumant de soupes délectables,
De viandes, moutons, porcs, bœufs, rôtis tout entiers,
De ragoûts dans des plats tels que des bénitiers,
Des gibiers les plus fins, des poissons les plus riches !
Et ces huîtres en tas qui crèvent les bourriches,
Ces cochonnailles, ces légumes, ces gâteaux,
Ces fromages, ces fruits, débordant des plateaux !
Et tout cela mangé dans de l'argenterie,
Aux lustres, aux bouquets d'une nappe fleurie,
Par le premier venu qui veut être traité !
Et partout la bombance, et partout la gaîté !
Car foudres et tonneaux, éventrés par centaines,
Ont en ruisseaux de vin changé l'eau des fontaines
D'où gicle, avec un jet de liquides paillons,
La pourpre éblouissante au muffle des lions.
Oui, de ces îles-là, folles et jubilaires,
Où règne le bon Roi des contes populaires
Avec ses deux enfants Rosemonde et Lindor,
Il en est que je sais, parmi les îles d'or ;
Et si j'ai dû les voir aussi, ces infidèles,
Prendre un jour loin de moi l'essor à tire-d'ailes,
Je dirai malgré tout, d'un cœur reconnaissant,
Les savoureux bonheurs qu'on y cueille en passant,
Et le los immortel de tes dons éphémères,
Bon Roi qui ris encore aux lèvres des grand'mères,

Bon Roi chez qui chacun eut sa félicité,
Puisque tout voyageur fait halte en ta cité
Pour le moins une fois en voyageant sa vie,
Bon Roi dont le banquet de fête vous convie
A croire que sans fin doit durer le bon temps,
Roi toujours sur le trône au pays des vingt ans !

IV

Il en est aussi dont le sol
De marbre
Brûle, nu, sans le parasol
D'un arbre,

Où l'on ne trouve, l'animant,
Personne,
Où le pas solitairement
Résonne,

Où jamais, au silencieux
Espace,
Un oiseau réveillant les cieux
Ne passe,

Où l'air lui-même est haletant
    De flamme,
Et de qui l'on garde pourtant
    Dans l'âme,

Mieux encor que de la cité
    Prospère,
Un souvenir de volupté
    Sans paire.

On y descendit d'un radeau,
    A l'heure
Que la dernière goutte d'eau
    Y pleure.

On allait mourir, on râlait,
    La gorge
Desséchée, ardente, en soufflet
    De forge.

De l'eau ! De l'eau ! Rien qu'un peu d'eau !
    Par grâce !
Et tu seras l'Eldorado,
    La grasse,

L'impératrice du levant,
  La douce,
Morne terre où rien de vivant
  Ne pousse !

Ah ! fût-ce un lichen de rocher,
  Dur, rêche !
J'aurais la bouche, à le mâcher,
  Si fraîche !

Fût-ce un poison au lait baveux
  Et blême
Qui vous glace le cœur, j'en veux,
  Je l'aime !

Soudain, ô vision, ô choc,
  O joie !
Quoi donc, dans le creux de ce roc,
  Rougeoie ?

Aux feux du gouffre incandescent,
  Sans ride,
Où le soleil sanglant descend,
  Torride,

C'est, comme un vin dans un divin
>	Calice,
Et meilleur que le meilleur vin,
>	Délice,

Or, trésor, diamant sans prix,
>	Saint Chrême
Qui vous fait tout prendre en mépris
>	Suprême,

C'est, cadeau de salut, cadeau
>	De gloire,
Un peu d'eau de pluie, un peau d'eau
>	A boire !

V

Et celles qui n'étaient que des glaçons flottants
Avec de monstrueux ours blancs pour habitants !

Mais la faim y pouvant repaître ses colères
Faisait des Tahitis de leurs horreurs polaires.

Des ours ! Si grands ! Si gros ! Chance ! On n'y voyait pas
Des ennemis ; c'était du gibier, un repas.

On avait l'estomac creux et que tout régale
Et les trente-deux dents qui grinçaient de fringale.

O festins dont la rage était le maître queux !
On sautait sur les ours en gueulant plus fort qu'eux.

On les prenait à bras le corps comme des gouges.
Nos crocs à leurs cous blancs mettaient des colliers rouges.

Tels que les chiens fouillant des ongles et du nez,
On leur mangeait la viande à même, en forcenés.

Puis on faisait des feux de joie avec leur graisse,
Et l'on dansait autour, jeunesse à l'air d'ogresse.

On dansait en riant des colosses vaincus,
En traitant les grands ours de veaux et de vieux culs.

On dansait sans songer aux ans, à leur manège,
Et qu'on aurait aussi le poil couleur de neige.

On dansait les pieds nus, trouvant doux les glaçons,
Et l'on improvisait de féroces chansons.

Victoire ! A mort les vieux ! Hurrah ! Noce et ripaille !
Place aux jeunes ! Les ours d'antan, qu'on les empaille !

Gloire au pôle ! Qui va le découvrir ? C'est nous.
Et l'on dansait toujours, du sang jusqu'aux genoux.

Qui ça ? Nous ! Avoir froid ! Pas froides, ces banquises !
On y dansait à poil comme aux îles Marquises.

A vingt ans, on emporte avec soi son climat,
Et même au vent du nord on tient droit son grand mât.

Quand on était soûlé de ces fêtes démentes,
On se couchait sur les peaux d'ours encor fumantes.

Et l'on flambait si fort d'orgueil et de valeur
Que sous les cieux gelés on crevait de chaleur.

VI

Ah ! celles dont les fontaines
Sont de beaux miroirs d'argent
Où les gueux en s'engageant
Se voient déjà capitaines !

Les mêmes dont des échos
A toutes les voix données
Vous rendent des claironnées
De joyeux cocoricos !

Ne dites pas qu'on s'y trompe !
On a bien le regard clair,
Et ce n'est pas l'air en l'air
Qui sonne ainsi de la trompe.

On entend le chant joyeux,
Diane de bon augure,
Et ce qu'on a pour figure
On le voit de ses deux yeux.

Accuser de flatterie
L'eau si pure ? Oh! non, vraiment.
Et l'écho ? Est-ce qu'il ment ?
Il répond ce qu'on lui crie.

Et pourtant, quoi ? Mais enfin,
Cette eau, ce qu'elle reflète,
C'est bien la double épaulette
Et le hausse-col d'or fin.

Et l'écho, ce qu'il répète,
Même quand on y pleura,
C'est un taratantara
De fanfarante trompette.

Et courez ça, courez ci,
Partout la chose est certaine,
C'est ainsi chaque fontaine,
Tous les échos c'est ainsi.

Partout merveilles pareilles ;
Et puisqu'on voit, qu'on entend,
Il faut en croire pourtant
Et ses yeux et ses oreilles !

On n'est pas un entêté,
Et force est bien qu'on se treuve,
Tout vous en offrant la preuve,
Plein de gloire et de gaîté.

Peut-être de bons génies,
Pour qui nous sommes charmants,
Ont de leurs enchantements
Peuplé ces îles bénies.

Soit ! Mais si leur charité
Nous fait riches de courage,
Il suffit, et ce mirage
Deviendra la vérité.

Il l'est déjà, puisqu'en somme,
Nous sachant beaux et vainqueurs,
Dans le temple de nos cœurs
Le miracle se consomme.

Et donc à tous les échos
Nos louanges soient sonnées,
Sincères, aux claironnées
Des joyeux cocoricos,

Et dans toutes les fontaines
Où brille un miroir d'argent,
Soldats, en nous engageant,
Saluons-nous capitaines !

VII

Celle-ci, dont l'aspect fut moins miraculeux,
L'effet, plus ! Une dune avec des chardons bleus,
C'est tout. On a cueilli des chardons sur le sable
Et fait de leur azur un bouquet périssable.
Pourra-t-il seulement vivre jusqu'à demain ?
Mais ces chardons ont pris racine dans la main
Et le bouquet tenu l'est pour toute la vie.
Viennent vos vents du nord ou de l'ouest, haine, envie,
Discords, ambitions, vanités, intérêts,
Ils ne faneront pas les fleurs aux tons discrets,
Et rien n'arrachera, surprise ni menace,
Le bouquet dont la tige est ma dextre tenace,
Le bouquet où toujours chéris et tout entiers
Durent les chardons bleus des vieilles amitiés.

VIII

Et cette autre où, le dos vautré dans les élymes,
On contemplait le ciel plein d'étoiles sublimes
En se disant : « Un seul de ces diamants clairs,
« Planté dans mes cheveux, ceindrait mon chef d'éclairs
« Et l'illuminerait de clartés immortelles
« Faisant s'agenouiller les hommes devant elles.
« Mais non ! Ces vœux sont fous ; les étoiles trop loin.
« Pas une ne me voit seulement dans mon coin.
« Ces diamants, par quoi la royauté s'atteste,
« Jamais, même du plus petit, du plus modeste,
« Mes obscurs désespoirs ne s'en couronneront. »
Et voici qu'on se sent une brûlure au front.
On se dresse, effaré tout ensemble et superbe.
Un vent d'aigres rumeurs court parmi les brins d'herbe.

Qui sont des hommes, verts d'âpre envie. On se fond
De joie au bruit féroce et suave qu'ils font.
On entend : « Il est roi, fils de la race élue.
« Il est diadémé du signe qu'on salue.
« Au firmament de l'art un nouvel astre a lui.
« Empêchons tous les yeux de le voir ! Jusqu'à lui
« Poussons les tourbillons d'une épaisse fumée
« Pour éteindre les rais de son aube allumée ! »
Et leur feu d'herbe sèche en nuages haineux,
Noirs, puants, rampe, roule et déroule ses nœuds
De ténèbres voulant étouffer la lumière.
Mais en vain ; car l'aveu de leur terreur première,
Et la lividité de leurs muffles hagards,
Et les larmes de fiel suintant de leurs regards,
Et leur empressement, et leur rage, et leur nombre,
Et, sous vos pas, le sol qui se couvre d'une ombre
Où l'on marche soudain sur des silex coupants,
A tâtons, et les pieds mordus par des serpents,
Leurs cris surtout, leurs cris d'impuissante colère,
Leurs grincements de dents contre l'homme stellaire,
Leur soif de s'abreuver au sang des demi-dieux,
Sont autant de miroirs, nets, purs et radieux,
Dont le flambant cristal de gloire vous présente
L'étoile que l'on porte au front, resplendissante.

IX

Il en est qui sont des volcans
Au sol en fièvre, aux flancs craquants,
Aux cheveux de flamme et de cendre.
On se demande, revenu,
Où l'on prit l'orgueil ingénu
Et le désir fou d'y descendre.

Et cependant j'y descendis.
C'était l'âge des vœux hardis,
De la vaillance, de la force,
Des nerfs d'acier, du sang qui bout,
Du corps toujours prêt et debout
A toute lutte offrant son torse.

En avant ! Le monde est étroit.
On n'a peur de rien. On se croit,
Étant invaincu, l'invincible.
On a l'arc et l'on est l'archer
Dont tous les coups doivent toucher,
Prit-on le firmament pour cible.

C'était l'âge où soi-même on sent
Qu'on est un volcan rugissant
Où l'éruption monte et grogne.
Ah ! l'aventure, le danger !
On voudrait en boire, en manger ;
On en est le goinfre et l'ivrogne.

Alors pourquoi donc, ô volcans,
Vous donner ces airs arrogants
Avec vos panaches de flamme ?
Les duels que vous me proposez
Sont à ma vertu des baisers.
Loin de les fuir, je les réclame.

J'irai, volcan coiffé de feux,
Passer ma main dans tes cheveux.
Elle en sortira saine et sauve.

Ensemble aux crins nous nous prendrons
Et l'on verra de nos deux fronts
Lequel sera le plus tôt chauve.

Et l'on se rue éperdument
Dans votre cratère fumant,
Passions aux torrents de lave,
Et dans la torride liqueur,
Fauve, à pleine chair, à plein cœur,
Comme dans l'eau fraîche on se lave.

Car soi-même on est un foyer
Où la santé fait flamboyer
Une si brûlante fournaise,
Que les brasiers les plus ardents
Vous sont, même en dormant dedans,
Un lit où l'on rêve à son aise.

Et j'y dormis, et j'y rêvai,
Soûl d'un vin féroce cuvé
Parmi des fracas de bataille.
J'y dormis mieux qu'en un cercueil,
Dans des rêves que mon orgueil
Enflait de destins à sa taille.

J'y fis des rêves souverains.
J'y dormis, un cratère aux reins,
En me bâtissant des histoires
Où sous de grands arcs triomphaux
J'allais, traîné par huit chevaux,
Sur un char ailé de victoires,

Et vos panaches, ô volcans,
Tordaient les rouges ouragans
De vos gloires découronnées
Au cimier de mon casque d'or,
Mon casque de conquistador
Prince des Iles fortunées.

X

Il en est où l'on fut ensemble et le César
Masqué de vermillon, lauré, seul sur un char,
Et le conquistador trouvant son Amérique,
Et le prince tyran d'un univers féerique
Ayant pour loi suprême un son de votre cor,
Où l'on fut tout cela, certes, et plus encor ;
Car ce que l'on y fut, c'est Dieu, tel qu'on le rêve,
L'Être absolu, parfait, l'Être à qui semble brève
L'éternité, pour qui, rien, hors lui, n'existant,
Tout le possible emplit l'infini de l'instant.
Oui, cet Être, on le fut, oui, lui. Qu'il me démente,
Celui-là qui se fond dans une aimée aimante
Et qui voit, à l'éclair né de leur couple uni,
Toute l'éternité baiser tout l'infini.

XI

O mots, dont j'ai loué si souvent le pouvoir
Magique de tout rendre et de tout faire voir,
O diamants, rubis, saphirs, perles, opales,
Émeraudes, émaux, mots, que vous êtes pâles !
Ou plutôt, quoique ayant rang de bon joaillier
Qui connaît vos secrets et sait vous travailler,
A me servir de vous combien je reste gauche !
J'ai craint, parlant Amour, qu'on ne comprit Débauche :
Et l'île d'or la plus rouge de l'archipel,
La plus en or, j'ai, pour la peindre, fait appel
A ceux de vous qui sont les plus froids, de l'eau claire,
De l'eau terne, de la philosophie en glaire,
Quand il fallait du sang vivant, du sang vermeil,
De l'élixir de flamme et du jus de soleil !

XII

Une menotte vous serre.
La main dans l'ombre en passant,
Des cieux un aigle descend
Et l'on est tout dans sa serre.

Ces petits doigts gracieux,
Leur toucher furtif vous broie ;
L'aigle en déchirant sa proie
Remonte au gouffre des cieux.

On tremble, on pâme, on suffoque
Dans cet air qui va coupant
Le souffle tandis qu'on pend
Inerte comme une loque.

Sur les yeux clos passe un flux
De nuit, de sang et de larmes.
Le front est plein de vacarmes.
Au cœur, rien ! Il ne bat plus.

Et c'est d'une douceur telle
Dans l'évanouissement,
Qu'on voudrait de ce moment
Faire une mort immortelle.

O sentiments surhumains,
O trépas d'apothéose,
Qu'on a pour si peu de chose,
Pour l'étreinte de deux mains !

XIII

Fleur sorcière, dont le nom seul fait tressaillir,
Fleur secrète, et que tous pourtant peuvent cueillir,
Fleur la plus merveilleuse au jardin des merveilles,
Fleur idéale et fleur réelle, qui réveilles,
En t'éveillant toi-même, à ton Avril soudain
Les mille et une fleurs du merveilleux jardin,
Fleur de toute la chair et fleur de toute l'âme,
Fleur de sang, fleur de rêve, humide fleur de flamme,
Chaude sous ta rosée et fraîche en ta chaleur,
Fleur qui nais pour mourir dans la jumelle fleur
Dont le calice vient se joindre à ton calice,
Fleur du premier frisson et du dernier délice,
Fleur qu'on mange à plein cœur sans jamais l'épuiser,
Fleur dont nos lèvres sont les pétales, baiser !

XIV

Car vous avez beau dire, il faut que les pétales
Soient réunis. Il faut qu'à des ardeurs brutales
Leur pourpre se dessèche ainsi qu'en un brasier
Pour qu'éclose la rose au mystique rosier.
Si mystique qu'il soit et de si pure essence,
Ce rosier, où la rose enfin prendra naissance,
Il peut monter au ciel, mais il jaillit du sol ;
Et pour qu'en papillons d'odeurs au léger vol
S'exhale l'idéal dont il parfume l'âme,
C'est la sève d'en bas, du réel, qu'il réclame,
C'est la terre, grossière et forte, au suc vivant,
C'est l'étreinte des corps, l'un l'autre se buvant,
Sans que l'un de la soif de l'autre s'effarouche,
Dans le chaud face-à-face où l'on n'a qu'une bouche.

XV

Et donc, sois d'ici proscrite,
Jeûneuse qui te repais
De vent, de mots, de respects,
Fausse pudeur hypocrite !

Arrière vos froids ciseaux,
Vous, les platoniques zèles !
Oui, les anges ont des ailes ;
Mais c'est en plumes d'oiseaux.

Les plus suaves corolles,
Au plus idéal carmin,
On les cueille avec sa main
Et non avec des paroles.

On est bien forcé d'oser !
De la caresse démente
Déjà tout le vin fermente
En l'eau du chaste baiser.

Qu'on veuille plus, c'est dans l'ordre.
Le dehors mène au dedans.
Les lèvres sont près des dents.
Les dents sont faites pour mordre.

Le désir qui se cachait
Se montre vite délire.
Peut-on jouer de la lyre
Sans la frapper de l'archet ?

Foin de la face blêmie
Où le sang jamais ne bout !
Il faut aller jusqu'au bout
De l'amoureuse alchimie.

Il faut ne pas avoir peur
Qu'enfin la chaudière éclate.
L'explosion écarlate
Sort du bleu de la vapeur.

Que le platonique triste
Se contente de songer !
Toi, qu'allèche le danger,
Agis, vaillant alchimiste !

Dans l'œuvre qui s'accomplit,
Ta pierre philosophale
A pour soufflet la rafale,
Pour creuset le creux du lit.

XVI

Oui, femmes, notre corps au pourchas de votre âme
Lâche toute sa meute après ce cerf qui brame,
Et la chasse se rue au plus profond du bois,
Car votre âme a pour fort votre corps aux abois ;
Mais c'est notre âme aussi qui galope et la mène,
Cette chasse où prend part toute la bête humaine,
Où chacun à la fois est gibier et chasseur,
Où l'on se cherche, où l'on se perd, dans l'épaisseur
Des fourrés, à l'assaut des brûlantes collines,
Au creux des ravins, noirs d'ajoncs en javelines,
Par les rocs, les ruisseaux, les landes, les étangs,
Parmi les bonds fougueux des chevaux haletants,
Leurs naseaux enflammés, leur crinière qui vole,
Le hourvari des chiens roulant en trombe folle,

L'appel des cuivres, les taïauts des rabatteurs,
Les jurons, les vents chauds pleins de chaudes senteurs,
Jusqu'à temps que le cerf, dont l'œil sanglant s'effare,
Tombe, tandis qu'enfin sonne à toute fanfare,
Pour servir la curée à l'âme comme au corps.
L'ululant hallali que clangorent les cors.

XVII

Seins de neige, oreillers de fraîcheur et d'oubli,
Où, soûlé de la course et du fauve hallali,
On repose son front pesant et plein de braise !
Sorbets en globe dont la pointe est une fraise !
Glaciers miraculeux après tant de chaleurs !
Et toi, plus froid encor, double mont, givre en fleurs,
Alpes de lys, albâtre, argent, nacre, avalanche,
Si près du gouffre rouge, avalanche si blanche !
O douceur, d'y sentir s'éteindre peu à peu
Les cendres du brasier qui vous mettait en feu !
Douceur de s'engourdir au gel qui vous pénètre
Et d'y laisser, dormant, cristalliser son être
Qu'un suave néant lentement a rempli !
Chairs de neige, tombeaux de fraîcheur et d'oubli !

XVIII

Tous les baisers, tous les baisers, premier baiser
Presque en songe, furtif, osant à peine oser,
Baiser qui, stupéfait, s'enfuit de ce qu'il touche,
Baiser plus enhardi qui s'attarde à la bouche,
Papillon, puis abeille y butinant son miel,
Baiser aigle emportant sa proie au fond du ciel,
Baiser cynique en plein soleil qui vous regarde,
Baiser qui dans le cœur entre jusqu'à la garde,
Baiser de nuit trouvant sans lampe d'Aladin
Le Sésame-ouvre-toi du plus secret jardin,
Baiser bu d'un seul coup comme un alcool de flamme,
Baiser bu lentement en vieux vin qui réclame
Toute l'attention muette du buveur,
Baiser reçu comme une hostie, avec ferveur,

Baiser riant, baiser pleurant, baiser de rêve
Qui commence en la chair et dans l'âme s'achève,
Tous les baisers, tous les baisers, tous les baisers,
Baisers martyrisants, baisers martyrisés,
Baisers où semblent joints des muffles de chimères,
Baisers de jalousie aux âcretés amères,
Baisers de rage au goût de sang et de poison,
Baisers d'adieu qui râle et qui perd la raison,
Baisers déments où l'on ne sait plus si l'on souffre,
Si l'on jouit, baisers d'azur, baisers de gouffre,
Baisers toujours en rut et jamais apaisés,
Tous les baisers, tous les baisers, tous les baisers,
Tous ceux où l'on sent vivre et mourir tout son être,
Tous ceux qu'on a connus, tous ceux qu'on doit connaître,
Tous les baisers, tous à la fois, en composer
Chaque baiser qu'on donne et prend, chaque baiser !

XIX.

Amour au même nid fidèle,
Amours à la brise essaimés,
Jeune abeille ou vieille hirondelle,
C'est toujours de l'amour. Aimez !

Amours d'incessante ripaille,
Amours à jamais affamés,
Foyer durable, feu de paille,
C'est toujours de l'amour. Aimez !

Amours dont la barre vous rive
Ainsi que deux boulets ramés,
Amours d'épaves en dérive,
C'est toujours de l'amour. Aimez !

Amours qu'on attrape au passage,
Amours si vite consommés
Qu'à peine on a vu leur visage,
C'est toujours de l'amour. Aimez !

Amours qu'on récolte ou qu'on sème,
Amours purs, amours malfamés,
Amour pour qui point ne vous aime,
C'est toujours de l'amour. Aimez !

Amour sans fin, amours sans nombre,
Amours aux objets innomés,
Amour d'un rêve, amour d'une ombre,
C'est toujours de l'amour. Aimez !

Aimez ! Dans vos regards limpides
Ces éclairs toujours rallumés
Sont les étincelles rapides
De la flamme éternelle. Aimez !

XX

Ne vous arrogez pas ce droit,
Ne vous faites pas cette injure,
Que l'un crie à l'autre : « Parjure ! »
A feindre qu'on aime, on le croit.

Ton corps pâmé, pendant qu'il serre
Ce corps qui pâme entre tes bras,
Tu diras ce que tu voudras,
Si tu mentais, lui, fut sincère.

Quand le spasme prête serment,
Le plus mécréant croit y croire.
C'est après, quand il se fait gloire
D'avoir été menteur, qu'il ment.

XXI

Ne vous plaignez pas des alarmes
Qui vous font tant pleurer, amants.
Tout ce qu'on a versé de larmes
Plus tard se change en diamants ;

Et quand alors on se rappelle
Le vieil amour dont on pleurait,
C'est comme au fond d'une chapelle,
En idole, qu'il apparaît,

Vêtu de lumières fleuries,
D'aubes irisant des glaciers,
Dans sa robe où les pierreries
Sont les larmes que vous versiez.

XXII

Les plus folles images sont vaines
A vous rendre, ô regards entre amants,
O rosiers dont les fleurs diamants
Versent du plomb fondu dans les veines,

O poignards que l'on boit comme un vin,
O flambeaux de discours sans paroles,
O déroulement de banderoles
Sous des flots dont on est le sylvain,

O ciel d'eau sur quoi voguent des flûtes,
O lac d'or roucoulant de pigeons,
O Sirènes au haut des donjons
D'où s'envolent nos cœurs en volutes,

O châteaux d'Occident, d'Orient,
Dont les nefs ont un lys pour pilote,
O la joie en souci qui sanglote
Et la peine qui danse en riant,

O parfums devenus cantilènes,
O clartés exhalant des parfums,
O drapeaux de triomphes défunts
Et victoires qu'on cueille à mains pleines,

O nuages gros d'astres vermeils
Dont les feux d'artifice nocturnes
En cataractes vident leurs urnes
De soleils aux rayons de sommeils,

O puits noir de la mer sidérale,
O bâton pour le bleu pèlerin
Qui gravit sous l'orage serein
L'escalier de l'ivresse en spirale,

O brouillard érigeant un décor
Où le seul spectateur fait le drame,
O tissu dont le vide se trame
D'un jamais festonné d'un encor,

O trésors tout au fond de la source
Qui commence à la fois et finit,
O trouvaille d'étoiles au nid,
Sirius caressant la Grande Ourse,

O bataille où les coups de canon
N'ôtent pas une plume au silence,
O hamac où le Sphinx vous balance
Et tout bas vous dit son petit nom,

O festin pour le rêve en fringale
Que repaissent les réalités
A la table des dieux invités,
O blasons dont l'orgueil se régale,

O voyages sous tous les climats,
Sans bouger, et la même seconde
Vous offrant Arkhangel et Golconde,
O tropiques parmi les frimas,

O tempêtes dans des barcarolles,
O rébus dont on est le devin,
O flambeaux que l'on boit comme un vin,
O vin dont on entend les paroles,

O miroirs dévorés et soûlants,
O bûchers dont le feu vous évente,
O ténèbre en lumière vivante,
O tonnerres muets, éclairs lents,

O regards entre amants, tous les mages
Se tairont effarés devant vous,
Regards doux, regards où, regards fous,
O tombeaux des plus folles images !

XXIII

A la crête d'un flot deux gouttes écumant ;
Au-dessus d'elles, tous les yeux du firmament,
Tous ses mille milliers de milliards d'étoiles,
Jusqu'à celles que cache en ses ultimes toiles,
Au fin fond du tréfonds de l'abîme habité,
L'aragne de la nuit filant l'immensité ;
D'eux tous, dont nul avec autrui ne communique,
Tous les regards fondus en un regard unique,
Et ce regard unique à son tour condensé
En le reflet furtif dont l'éclair a dansé
A la crête du flot où l'écume déferle ;
Ces deux gouttes ainsi dans leur suprême perle
Ayant tous les rayons de tous les firmaments,
C'est vous, si vous aimez quand on vous aime, amants.

XXIV

Iles d'or vert,
Iles d'or jaune,
Où l'Amour trône
Au ciel ouvert,

Iles d'or fauve,
Iles d'or pur,
Où tout l'azur
Vous sert d'alcôve,

Iles d'or chaud,
Iles d'or monde,
Où du bas monde
Il ne vous chaut,

Iles d'or sage,
Iles d'or fol,
Où tout est vol
D'heureux présage,

Iles d'or clair,
Iles d'or sombre,
Où quand on sombre
C'est dans l'éclair,

Iles d'or vierge,
Iles d'or vif,
Où rien n'est suif,
Où tout est cierge,

Iles d'or cher,
Iles d'or tendre,
Où peut s'entendre
Fleurir la chair,

Iles d'or grège,
Iles d'or grand,
Où le torrent
Au lac s'agrège,

LES ÎLES D'OR

Iles d'or roux,
Iles d'or glauque,
Où gronde et rauque
Notre courroux,

Iles d'or frêle,
Iles d'or frais,
Où, vite après,
On tourterelle,

Iles d'or vieil,
Iles d'or jeune,
Où l'on ne jeûne
Que de sommeil,

Iles d'or calme,
Iles d'or beau,
Où le flambeau
Sort de la palme,

Iles d'or saint,
Iles d'or lisse,
Où de délice
Le cœur est ceint,

Iles d'or mauve,
Iles d'or gris,
Où l'on est pris
Quand on se sauve,

Iles d'or fier,
Iles d'or libre,
Où demain vibre
Avec hier,

Iles d'or riche,
Iles d'or prêt,
Où nul guéret
Ne reste en friche,

Iles d'or franc,
Iles d'or large,
Où chacun charge
Au premier rang,

Iles d'or souple,
Iles d'or brut,
Où l'âme en rut
Au corps s'accouple,

Iles d'or brun,
Iles d'or ferme,
Où l'on s'enferme
Deux pour être un,

Iles d'or blême,
Iles d'or las,
Où le lilas
Meurt quand on l'aime,

Iles d'or noir,
Iles d'or pâle,
Où chante et râle
Le même espoir,

Iles d'or grave,
Iles d'or gai,
Où fuit, nargué,
Le temps qu'on brave,

Iles d'or bleu,
Iles d'or chaste,
Où l'âme est faste
Et le corps feu,

Iles d'or rose,
Iles d'or fin,
Où c'est sans fin
L'apothéose,

Quels mots jamais
Font rééclore
L'or qui colore
Vos doux sommets,

Quels mots de joie
Et de clarté
Auront chanté
L'or qui déploie

Tous ses essors
Sur tous vos faites,
Iles d'or faites
De tous les ors ?

XXV

Mais avant celles-là, dont le net souvenir
Est trop solidement empreint, pour s'y ternir,
Aux pages du fidèle album qu'est ma mémoire,
Il en est d'autres, dont, comme une pâle moire,
Le dessin se confond aux veines du papier.
Il faut cligner des yeux et longtemps épier,
Pour que l'on en devine obscurément surgies
Dans un vague brouillard les vagues effigies.
Iles qu'on côtoyait de nuit probablement,
Près desquelles on a jeté l'ancre en dormant,
Ou dont les fleurs, présents de quelque enchanteresse,
Exhalaient si soudaine et si subtile ivresse
Qu'on oubliait d'abord tout, même où l'on était ;
Si bien que le matin, quand elle vous quittait,

L'enchanteresse, comme une étoile s'efface
Dans l'aurore, on n'avait qu'entr'aperçu sa face,
Et de ses fleurs et d'elle il ne restait plus rien.
Donc l'immatériel portrait aérien,
Si tant est qu'on en eût d'une image aussi brève,
S'évaporait, espoir d'espoir, rêve d'un rêve.
Puis, on était à l'âge où le temps complaisant
Ne montre qu'un visage encore, le présent.
On prend tous les oiseaux dont l'aile vous effleure ;
On arrache gaiment les duvets blancs de l'heure,
Pour l'unique plaisir de les faire neiger
Au vent qui les emporte en tourbillon léger.
Les duvets envolés, où vont-ils ? On l'ignore.
Même, on n'a nul besoin de le savoir. Encore
Une autre heure qui passe, et l'on plume toujours.
Comment vous retrouver, duvets des primes jours,
Blancs duvets que la mer mêle aux blanches écumes
Des ans que, sans vouloir les vivre, nous vécûmes ?
O ces impressions d'ombre à fleur de cerveau,
Trame en fils de la Vierge au fluide écheveau !
Puis-je en redéployer l'impalpable dentelle ?
Les mots ont de gros doigts qui tremblent devant elle.
Vont-ils pas la salir, la rompre, en y touchant ?
Rien qu'à former ce vœu, j'ai peur d'être méchant.
Ces instants, ces bonheurs aux vagues effigies,
N'est-ce pas criminel, d'incarner leurs magies ?

Souviens-toi, si tu peux : leur plus suave appas
Était fait de ceci, qu'on ne les sentait pas.
C'est agir en sorcier d'artifice équivoque,
Que de prêter un verbe à ces morts qu'on évoque,
Eux qui, lorsqu'ils naissaient sous la splendeur des cieux,
Avaient pour plus grand bien d'être silencieux.
N'importe ! J'essaierai de vous faire revivre,
Pâles figures des premiers feuillets du livre.
Ah ! combien vous m'aimiez, combien je vous aimais,
Je ne le savais pas, je le sais désormais.
Pardon, si mon désir d'après coup vous offense !
Mais je veux vous revoir, îles d'or de l'enfance ;
Vous voir, plutôt ; on est aveugle en y passant ;
Tout l'heureux qu'on y fut, c'est plus tard qu'on le sent.
Eh bien ! l'enfant d'alors, que l'homme ici l'exprime !
Et réapparaissez ! Si c'est folie ou crime
De le vouloir, tant pis ! Mais je le veux. Venez !
Ne craignez pas d'ailleurs vos restes profanés
Par ce viol de tombe où mon cœur se décide.
Je chercherai des mots en gaze translucide,
O fantômes chéris, et vous en vêtirai
Avec la main pieuse et le zèle sacré
D'un vieux prêtre naïf aux gestes symboliques
Qui s'incline à l'autel en baisant des reliques.

XXVI

Écoutez ! Là-bas ! Dans le matin !
Mais tendez l'oreille. Il faut la tendre.
L'air est si ténu, vague, lointain !
  Mais comme il est tendre !

C'est, pour éveiller son blanc troupeau
Encore endormi sur la fougère,
Un berger qui souffle en un pipeau
  D'avoine légère.

Mais non ! Le pipeau, même discret,
Marquant d'un refrain la chansonnette,
Ici jusqu'à nous elle viendrait
  Plus forte et plus nette.

Ce n'est pas non plus un chant d'oiseaux
Au vif gazouillis en allégresse,
C'est comme un soupir qui sur des eaux
    Passe et les caresse.

De limpides eaux dont les grands yeux
Sont bordés de cils en folles plantes !
Un soupir frôlant ces riens soyeux
    De ses ailes lentes !

C'est une harmonie, oh ! j'en suis sûr.
De rythmes, de sons, elle est ourdie.
Mais je ne sais pas comment ni sur
    Quelle mélodie.

Il m'est familier, cet air, pourtant.
Je le reconnais. Il est si tendre !
Et je me rappelle, en l'écoutant,
    Que j'ai dû l'entendre,

Que j'ai dû l'entendre bien des fois,
Que j'ai bien des fois tendu l'oreille
Pour la percevoir, la vague voix,
    La même, pareille.

Voix du temps limbique, où l'on était
Le petit enfant encore au lange
Qui semble des yeux, quand il se tait,
  Sourire avec l'ange !

Quel ange ? Celui qu'on ne vit pas,
Mais que la maman, pendant qu'on tette,
Voit, si lumineux, prier tout bas
  Près de votre tête.

Ce qu'il vous disait, c'est aboli ;
Mais la musique, elle, en est restée,
Et de notre cœur, tombeau d'oubli,
  Sort ressuscitée.

Aussi chaque fois qu'en remontant
Vers le temps limbique on tend l'oreille,
C'est elle toujours que l'on entend,
  La même, pareille,

Sans bien distinguer de quels sons fous,
De quels rythmes chers elle est ourdie ;
Mais on s'en souvient. L'entendez-vous ?
  Chante, ô mélodie !

Écoutez ! Là-bas ! Dans le matin !
Mieux, écoutez mieux ! Tâchez d'entendre !
L'air est si ténu, vague, lointain !
　Mais comme il est tendre !

XXVII

Qu'a donc le cher mignon à s'agiter ainsi ?
Chacun veut le calmer ; mais nul n'a réussi,
Ni le père orgueilleux de sa science vaine,
Ni grand'mère chantant le *son, son, vène, vène*.
Il crie, il pleure, il tord ses bras ; de ses pieds nus
Il gesticule ; il a des chagrins, inconnus
Même de la maman, l'interprète divine
Qui comprend tout, et tout explique, et tout devine.
Ce sont de grands chagrins, bien qu'ils n'aient pas de nom.
Inexprimables, certe. Inconsolables ? Non.
La mère en souriant découvre sa poitrine.
Au bout du sein, bouton de rose purpurine,
Tremble, blanche rosée, une goutte de lait.
A la voix de l'enfant d'avance elle y perlait.

Lui, comme une églantine ouverte, tend sa bouche.
Et sitôt que la rose à l'églantine touche,
C'en est fini des cris, des pleurs, des grands chagrins.
La mère, le couvant de ses regards sereins,
Lui verse avec son lait l'oubli. Son souffle calme
S'épand dans l'air ainsi qu'au rythme d'une palme
Et chasse, en l'éventant d'un mouvement léger,
Tous ces noirs papillons qu'il sentait voltiger
Confusément autour de lui d'une aile obscure.
Ah ! maintenant, ni d'eux, ni de rien il n'a cure.
Il est tout au bonheur qu'il boit béatement.
Ses yeux levés et doux sont en plein firmament
A contempler les yeux de sa mère. Il se presse
Contre elle. Ses doigts lents, à la vague caresse,
Vont, viennent, sur le sein élastique et neigeux,
Et semblent y frôler, pour les mystiques jeux
D'un ballet d'anges dans les célestes concordes,
Une harpe de rêve aux invisibles cordes.
Et rien, ni le profond délire de l'amant
Lorsque l'aimée et lui se fondent ardemment
Dans le baiser qui fait de deux êtres un être,
Ni la voluptueuse ivresse qui pénètre
Une vieille dévote attablée au saint lieu,
Sentant son corps s'unir au corps même de Dieu,
Ni le ravissement d'un saint dont les prunelles
Voient déjà resplendir les lampes éternelles

Et s'emplissent de leurs extatiques clartés,
Rien n'est heureux autant que ces doigts écartés,
Que cette bouche en fleur suçant la fleur de vie,
Et que ces yeux mouillés de tendresse assouvie
Comme si, cependant que l'enfant prend son lait,
Dans son cœur tout le cœur de sa mère coulait !

XXVIII

Premiers pas en équilibre !
S'en aller devant soi, libre !

On était, contre la terre,
Le lierre pariétaire.

On y rampait sans relâche.
On se dresse. Elle vous lâche.

Un pied la quitte, puis l'autre.
Gestes de petit apôtre !

Bras ouverts et mains tendues
Bénissent les étendues.

Un frisson de peur qui passe !
C'est si grand, partout, l'espace !

Mais vite on se rassérène.
L'espace veut qu'on le prenne.

Si grand, oui ; mais peu farouche !
On en rit à pleine bouche.

On le prend en long, en large.
Gestes de soldat qui charge !

Bras ouverts et mains tendues
Conquièrent les étendues.

On n'est plus le patriarche
A la lente et grave marche.

On va plus vite, plus vite.
A courir il vous invite,

Cet espace où se révèle
Une volupté nouvelle.

On le boit, on le dévore.
On le prend encore, encore.

Cris ! Allure trébuchante !
Gestes d'ivrogne qui chante !

Bras ouverts et mains tendues
Se soûlent des étendues.

Dans le fluide mystère
On baigne, oubliant la terre.

Des pieds à peine on l'effleure.
On va la fuir tout à l'heure.

Libre ! Libre ! On la fuit, libre !
Voilà qu'on perd l'équilibre.

Bras ouverts et mains tendues
Qui battent les étendues

Ont l'air de vouloir vers elles
S'éployer comme des ailes.

Bébé ravi ! Maman folle !
Gestes d'oiseau qui s'envole !

XXIX

Voilà que fleurit
En corolles
De paroles,
Voilà que fleurit
Le parterre de l'esprit.

Voilà maintenant
Des abeilles
Aux corbeilles,
Voilà maintenant
Des abeilles butinant.

Abeilles et fleurs
Que la brise
Berce et grise,
Abeilles et fleurs
Sont de toutes les couleurs.

O le miel nouveau
Que l'on goûte
Goutte à goutte,
O le miel nouveau
Dans la ruche du cerveau !

Voilà du printemps
L'âme folle
Qui s'envole !
Voilà du printemps
Tous les oiselets chantants !

Voilà par les prés
Où toute herbe
Se fait verbe,
Voilà par les prés
L'essor des mots diaprés.

O le frais éveil
Des pensées
Cadencées !
O le frais éveil
Des mots vibrant au soleil !

C'est l'Avril divin
Des paroles
En corolles !
C'est l'Avril divin !
C'est l'enfant qui parle enfin !

XXX

« Il était une fois… » On jouait ; on s'arrête ;
Tous les joujoux lâchés quittent la main distraite ;
On s'assoit, bouche bée, en faisant des yeux ronds.
Grand'mère, qui tricote à petits gestes prompts,
D'une petite voix commence son ramage,
Et l'on reste, à l'ouïr, sage comme une image.
Le conte qu'elle dit, certe, on le connaissait.
C'est le Chaperon Rouge, ou le Petit Poucet,
La Belle au bois dormant, le Chat botté, Peau d'âne,
Cendrillon, les Souhaits, Barbe-bleue et sœur Anne,
Et Riquet à la houppe, et bien d'autres encor.
Certe, on en sait par cœur l'histoire, le décor,
Les répliques ; mais comme on aime à les entendre
Au chevrotement doux monotonement tendre

De grand'mère qui conte en tricotant son bas
Et semble quelque fée, elle aussi, de là-bas !
Soi-même, à ce là-bas, comme on y va, sincère !
Quand c'est le loup qui parle, ou bien l'ogre, on se serre
L'un contre l'autre ; on voit leurs yeux rouges ardents,
Le trou blanc qu'ouvrent dans la nuit leurs grandes dents.
Pauvre Chaperon Rouge, avec son pot de beurre !
Heureux Petit Poucet, lui ! Sa chance est meilleure ;
Mais il l'a joliment méritée en effet ;
Et s'il coupe le cou de l'ogre, c'est bien fait.
Ce Riquet à la houppe, en dit-il, des folies !
Et les princesses, donc, ce qu'elles sont jolies !
Qu'on les veuille épouser toutes, ça se conçoit ;
Car chacune est toujours *la plus belle qui soit*,
Et sa robe est couleur du temps, et tout prospère
Au royaume enchanté que gouverne son père.
On y vit, dans ce bon royaume ; on le parcourt
En long, en large ; et tout voyage y semble court,
Quelque vastes que soient la ville et ses banlieues,
Puisque l'on a chaussé les bottes de sept lieues.
Car on est le Petit Poucet soi-même, sûr,
Et le Prince Charmant, aussi le Prince Azur,
Ton aimé, Belle au bois dormant, le tien, Peau d'âne,
Et l'un des cavaliers qu'annonce enfin Sœur Anne
Quand Barbe-bleue aiguise en bas son coutelas.
« Allons, mes chérubins, vous devez être las »,

Dit grand'mère, « voilà si longtemps que je conte !
« C'est assez pour ce soir. Vous avez votre compte.
« L'homme au sable a passé sur vos yeux. Vite au lit ! »
Et l'on frotte ses yeux qu'en effet il remplit
De sable. Un sable en or ! Mais, quand même, il picote.
On se couche. Grand'mère, elle, toujours tricote,
Toujours, et l'on s'endort en rêvant de là-bas,
Cependant que les cinq aiguilles dans le bas
Font comme un cliquetis de petites épées,
Par lesquelles seront tout à l'heure coupées
Les têtes des géants, des ogres et des loups,
Afin que l'on épouse en dépit des jaloux
La princesse, de fleurs et d'étoiles coiffée,
Dont la robe est couleur du temps, dont une fée
Fut la marraine, et dont le père vous reçoit
En vous disant qu'elle est *la plus belle qui soit.*

XXXI

Joyeux réveils, messagers
De galopinants congés
Par les champs, réveils légers !

Angelus dominicaux
Jetant à tous les échos
Bluets et coquelicots

En sonores papillons
Qui sèment l'or des sillons
D'azurs et de vermillons !

Tout à l'heure, à pleines mains
On les cueillera, gamins
Insoucieux des chemins.

Assemblés, désassemblés,
On s'en ira par les blés.
Sonnez, cloches, redoublez !

Sonnez à grand retintin !
Que votre appel argentin
Chante à l'air frais du matin !

Les autres jours, quand ainsi
Vous sonnez, on est transi.
Mais sonnez fort celui-ci !

Sonnez fort, sonnez toujours
Dans les clochers vos séjours,
Sonnez, cloches des beaux jours !

Sonnez, cloches d'Orient !
Aujourd'hui le plus friand
Du lit, se lève en riant.

Sonnez, cloches des congés,
La diane aux enragés !
Réveils clairs, réveils légers !

Sonnez, cloches dont les sons
Pleuvent dans l'or des moissons
En fleurs que nous ramassons !

Sonnez, les cloches d'été !
Sonnez le ciel de gaîté,
Et pour qu'il soit bien fêté,

Jetez à tous les échos
Bluets et coquelicots,
Angelus dominicaux !

XXXII

Prismatique archipel des premiers livres lus,
Oh ! je t'exalterai, toi qui toujours m'exaltes !
Parmi les chers séjours aux fécondantes haltes,
A quarante ans passés ceux-là sont mes élus.

Avec leur souvenir en vain tu te chamailles,
Toi, ma sagesse, et tu le traites d'insensé.
Car mon cœur jusqu'au fond en fut ensemencé :
Vierges étaient les champs, et fortes les semailles.

Béni soit le semeur dont le geste entendu
Sut me jeter, au vent de hasard des étrennes,
Les bons grains, bien triés des vénéneuses graines !
Béni sois-tu, mon père, ô tendre ami perdu !

Ton exemple me reste. A mon tour je suis père.
L'esprit de mes enfants me semble un sol sacré.
Comme en moi tu semas, en eux je sèmerai
Les bons grains bien triés, qui mûriront, j'espère.

Moi, tes cadeaux d'un jour pour toujours m'ont comblé.
De ces livres, germant dans ma jeune âme en friche,
La sève fut si vive et la moisson si riche
Que j'y moissonne encore, et c'est mon meilleur blé.

Ces livres, qu'un critique ait la mine méchante
De leur choix ! Un critique est-il jamais content ?
Mais moi, pour être en joie, il ne m'en faut pas tant.
Je ne suis qu'un poète ! Et donc, ce choix m'enchante.

Ces livres, on y voit un Homère, au milieu
De romans ; et, ma foi, qui veut en rire en rie,
Ces romans, qui plus est, sont de chevalerie.
Les *Quatre fils Aymon !* « Près d'Homère ! — Oui, mossieu.

Remettez-vous, de grâce, et me suive qui m'aime.
On y voit *Don Quichotte* avec Sancho Pança,
Les Mille-et-Une Nuits, Robinson, et puis ça,
Oui, voui, ça, *Le Dernier des Mohicans*, lui-même.

Et maintenant, riez à votre aise, riez !
Moi j'ai des pleurs heureux, ces noms, à les entendre,
Noms des amis choisis par l'ami le plus tendre,
Semailles du semeur aux bons grains bien triés.

Ah ! les beaux livres ! Les grands livres ! Les chers livres !
Captif du vil, du bas, de l'ignoble et du laid,
Quand la vie aujourd'hui m'étreint telle qu'elle est,
Vision que j'en eus alors, tu me délivres.

A travers l'arc-en-ciel du prisme toujours frais,
Parmi des chatoiements d'aube venant d'éclore,
Belle et noble et dans un nimbe multicolore,
J'y vois la vie encor comme je la voudrais.

O les romans de geste ! O les deux épopées !
L'héroïsme et la gloire y font leur messidor.
Épis mûrs, chefs laissant tomber leurs lances d'or !
Faucilles à l'essor de sifflantes épées !

Ulysse le subtil, Achille aux pieds légers,
M'enseignaient, comme ceux de la forêt d'Ardenne,
Que la mort la plus belle est la mort qui, soudaine,
Vous baise, ivre du vin de pourpre des dangers.

Robinson naufragé, seul, et que tout menace,
Et que rien n'aide, sauf lui-même, m'a fait voir
Que voici le suprême et l'unique devoir :
Vouloir bien ce qu'on veut, et d'un vouloir tenace.

Aux Mille-et-une nuits, loin des réalités,
J'ai pris la passion des féeriques mensonges
Où l'art donne à songer d'interminables songes
Par tout ce qu'on désire et qu'on aime habités.

Des songes dont soi-même on créa la merveille,
Et dont vos yeux rouverts resteront les flambeaux,
Et si magiquement beaux qu'ils demeurent beaux
Même quand on les conte à qui vous en réveille.

Uncas, OEil-de-Faucon, l'homme au silencieux
Sourire, m'ont appris à vivre solitaire,
A chérir la nature effrayante, à me taire,
Et l'amour de la race errante aux pâles yeux.

Et don Quichotte ! O bon chevalier de la Manche,
Je le retrouverai, l'armet que tu perdis.
La semaine qui vient aura quatre jeudis,
Ou plutôt ne sera qu'un éternel dimanche.

L'incrédule Sancho, patron des raisonneurs,
Eut bien son île ! Et même, il l'a bien gouvernée.
Et nous aurons aussi, nous, notre Dulcinée,
Dont l'honneur nous suffit, à défaut des honneurs.

Ah ! les chers livres ! Quoi que je rêve, que j'ose,
Jamais ils ne m'ont dit que c'était hasardeux.
Tout ce que j'ai de bon, de noble, me vient d'eux,
Et tout ce que je vaux, si je vaux quelque chose.

Aussi les ai-je lus et relus et relus,
Bénissant chaque fois la main qui la première
M'ensemença le cœur de ces grains de lumière,
De ces vivants soleils que rien n'éteindra plus.

Oh ! non, rien, désormais, rien, père, je l'atteste !
Car voici que bientôt c'est l'automne et déjà
Dans la nuit de ma barbe un peu d'hiver neigea,
Et pourtant, tel j'étais le poil noir, tel je reste.

Tout ce que m'ont donné mes chers livres, les tiens,
Je le garde. Vouloir, lutter, droit et sincère,
Mettre mon cœur entier dans la main que je serre,
Sans doute est-ce aujourd'hui niais ; mais je m'y tiens.

Pour les aventureux, les héros, les apôtres,
Pour quiconque est ami du faible et le défend,
Avoir à quarante ans passés des yeux d'enfant,
C'est ridicule ; mais je n'en aurai point d'autres.

Ce que je suis encor, je le suis à jamais.
L'enthousiasme seul fait ma philosophie.
Absurde, dangereux, fou, soit ! Mais je défie
Qu'on m'oblige à cesser d'aimer ce que j'aimais.

Vienne l'âge prudent qui chuchotte et crachotte,
Je serai prêt quand même à pousser de l'avant,
Et pour piquer des deux sur les moulins à vent
J'aurai jusqu'à la fin l'âme de don Quichotte.

XXXIII

Car c'est l'âme de mes vingt ans !
Et depuis mes vingt ans le temps
      A fui si vite
Qu'il me semble y être toujours
Et non pas au tournant des jours
      Que nul n'évite.

Partout, sur les flots où j'errais,
J'ai vu, comme s'il était près,
      Briller leur phare ;
Et j'entends encor, j'en suis sûr,
Les appels dont vibre l'azur
      A leur fanfare.

XXXIV

Vingt ans hier ! Vingt ans sonnés !
Claironnez, orgueils, claironnez !
Nous avons du poil sous le nez.

Peu d'habits ; mais quels cœurs dessous !
Repas de gargotte à dix sous
Qui vous donnent l'air d'hommes soûls !

Nuits errantes, nuits sans logis,
Que suit une aube aux yeux rougis !
Mais qu'importe ! O jour qui surgis,

Jour qu'on prépare en combattant,
Tu seras le jour qu'on attend,
Le jour du triomphe éclatant.

Hein? Quoi? Ce monde, un noir mâquis !
Allons donc ! Un Eden exquis
Où l'on marche en pays conquis !

Ouverts, fleuris, tous les chemins !
Les œufs dont naîtront les demains,
Tous leurs nids sont dans vos deux mains.

Des oiseaux d'or en éclôront
Pour faire de leur vol en rond
Une auréole à votre front.

Quand ? Mais tout à l'heure, parbleu !
Les mille oiseaux d'or du ciel bleu
Sont-ils pas votre franc alleu ?

Quand ? Mais tout à l'heure, voyons !
Ils crèvent les yeux, ces rayons
Splendides dont nous flamboyons.

Quand ? Mais tout à l'heure ! Un passant
Va crier, le reconnaissant,
Ce dieu qu'en soi-même on pressent.

Quand ? Mais tout à l'heure ! Ce soir !
On ne veut jusque-là surseoir
A dresser son propre ostensoir,

Et dès aujourd'hui, crânement,
On poignarde le firmament
De son chef en Saint-Sacrement ;

Et ce firmament, à bon droit
On le trouve lui-même étroit,
Car on est dieu, puisqu'on le croit.

Vingt ans hier ! Vingt ans sonnés !
Claironnez, orgueils, claironnez !
Nous avons du poil sous le nez.

XXXV

Ah ! pauvret, ta chanson rabâche !
Pourquoi ces retours persistants
Aux îles d'or de tes vingt ans ?
Quelque part ailleurs fais relâche.

Toujours du passé, des rappels !
Aujourd'hui n'a donc point d'asiles ?
Tu nous en promettais, des îles,
Des archipels, des archipels !

Et cependant, à mi-carrière,
A quarante ans, en plein été,
Voilà que tu t'es arrêté,
Ne regardant plus qu'en arrière.

Toujours Floréal, Thermidor,
Leur douce ou brutale lumière !
Mais près de toi, Vendémiaire,
Il n'en a donc pas, d'îles d'or ?

Ton horizon où vient la brune
Te clôt-il déjà d'un tel mur
Qu'aux flots du prochain âge mûr
Tu ne puisses nous en dire une ?

XXXVI

Il en est. Je les dirai.
Tout le vin n'est pas tiré
    De ma tonne,
Et je sais plus d'un beau chant
Pour chanter le ciel couchant
    Et l'automne.

Il en est encor, encor,
Des îles au clair décor,
    Or et rose,
Et même j'en vois d'ici
Poindre à l'horizon transi
    De Nivôse.

XXXVII

Et d'abord celles-ci, deux sœurs qui font la paire :
Être père, et songer que l'on sera grand-père ;
En ses petits revivre un peu ses premiers ans
Et tous les beaux passés qu'on retrouve présents,
Et plus tard, front chenu que la neige décore,
Aux petits des petits pouvoir revivre encore.
Ah ! sur ces bonheurs-là, j'en dirais, j'en dirais !
Mais les foyers heureux veulent être discrets.
Il faut de vieux amis pour que tu les admettes
A savourer ce miel des intimes Hymettes.
Silence ! Et vous, à qui ce miel reste interdit,
Trois actes, sachez-le, sans savoir qui l'a dit,
Sont requis pour sentir tout ce que c'est que vivre :
Faire un enfant, planter un arbre, écrire un livre.

XXXVIII

Voici, certe, un miracle, aussi miraculeux,
Pour le moins, que celui de l'île aux chardons bleus.
Partout où m'a conduit ma course, dans les terres
Les plus mornes à voir et les plus solitaires,
Sous les plus pauvres cieux, sur les rocs les plus nus,
Toujours j'ai rencontré des visages connus.
Et chacun me disait : « Je t'aime, toi qui m'aimes. »
Et ces visages chers étaient partout les mêmes.
Par les flots hasardeux qui m'avaient ballotté
Sans doute qu'ils avaient fait route à mon côté,
Invisibles, muets, mais prêts à la rescousse
Si j'en avais besoin dans quelque âpre secousse.
Ce sont mes vieux amis, peu nombreux, mais constants,
Car j'en ai qui le sont depuis tantôt trente ans.

XXXIX

A table, les amis, à table! Pas bien grande,
La table! Et simple, oh! oui, simple! Et pour qu'on s'y rende,
Pas de larbins, ouvreurs de cinq ou six salons
Où l'on défile, un couple ayant l'autre aux talons,
Et ces larbins en frac ne différant des hôtes
Que par la croix absente et leurs mines plus hautes!
On n'a qu'à traverser ici le corridor.
Et l'homme qui me sert, avec des anneaux d'or
Aux oreilles, servait déjà mes père et mère,
Et je vais caressant parfois cette chimère
Qu'il serve aussi mes fils comme leurs grands-parents.
C'est le bon serviteur tel que je le comprends,
Brave, de la famille, ainsi qu'au temps antique,
Et notre ami plutôt que notre domestique.

Donc, entendu ! Petite et simple table ; mais
On se rattrape sur la qualité des mets.
La cuisine est aussi faite à la mode antique.
Ce n'est pas du néant soufflé que l'on mastique.
Le rôti n'est pas mis dans un four, au charbon
De terre ; on sait ce qu'il lui faut pour être bon ;
Devant un feu de bois à la braise en fournaise
Dans une rôtissoire il se dore à son aise.
Le pot-au-feu bouillotte à tout petits frissons.
Les ragoûts mijotés, fils des lentes cuissons,
Sont épais, onctueux, roux et parfumés d'herbes.
Déjà, rien que l'odeur et la couleur, superbes,
Disent à l'appétit des mots encourageants.
Nos légumes élus sont ceux des pauvres gens,
Pommes de terre, pois cassés, lentilles, fèves,
Choux, haricots de tous les tons, toutes les sèves,
Haricots rouges, blancs, nains, boulots, de Soissons,
Dont un triste estomac peut craindre les chansons,
Mais dont le nôtre rit et point ne se ballonne.
Gloire à l'Égypte dont les temples à pylone
Faisaient de vous des dieux ayant pour compagnons
Ces autres Immortels, les sublimes oignons !
Ah ! ce n'est pas chez nous, fichtre ! qu'on les méprise !
Ni toi non plus, bel ail dont la nacre s'irise !
On ne t'épargne pas, ail, âme du gigot.
Quant au vin, que l'on boit à tire-larigot,

Ce n'est pas de Bercy qu'il me vient, ni de Cette.
Celui qui le fabrique a la bonne recette.
A Gevrey-Chambertin, sans nul autre élément,
Il le fait avec du raisin, tout bêtement.
Son père fournissait le mien. Je continue
A priser mieux ce vin que ceux faits en cornue.
Il fleure le terroir, la grappe et le soleil.
Pour l'huile je me sers d'un procédé pareil.
Je connais, non loin d'Aix, un homme qui salive
Quand on lui dit du bien de son huile d'olive.
En février, je lui commande un estagnon.
Et de mon Provençal et de mon Bourguignon
Mes enfants après moi sauront user, j'espère,
Comme ont fait sagement leur père et leur grand-père.
A table, encore un coup, à table, les amis !
Tout ce qui devant vous sur elle sera mis
Doit être, autant que vous, bon, loyal et sincère.
Est-on dix, y compris la famille, on se serre !
Mais pas trop cependant et sans être à l'étroit.
Il faut qu'on ait de l'air aux coudes, et le droit
De faire en bavardant, si l'on veut, de grands gestes.
Grignotés de profil, les mets sont indigestes ;
Et l'assaisonnement le plus vif aux mangers
C'est le poivre et le sel des propos échangés.
La conversation va, vient, balle élastique.
On parle un peu de tout ; jamais de politique ;

De cuisine souvent ; du Beau presque toujours ;
Et quelquefois aussi de ces bons *mauvais jours*
Où, tels que des oiseaux qu'un vent d'hiver rassemble,
Contre *Faulte d'argent* on luttait tous ensemble ;
Et les petits, ouvrant de grands yeux batailleurs,
A voir comme on fut brave, en deviennent meilleurs,
Plus armés ; chacun d'eux se dit : « J'aurai de même
« Quelque ami que je veux aimer autant qu'il m'aime ; »
Et les saines leçons ainsi s'amalgamant
A la saine pitance, ils ont double aliment,
Et leur âme et leur chair restent ensemencées
De bonne nourriture et de bonnes pensées.

XL

Je n'en veux pas à qui se montre un peu trop fier.
Tels sont les jeunes gens ; et tel j'étais, hier.
L'âge qui vient vous rend d'humeur moins méprisante.
Lorsqu'une affection quelconque se présente,
La plus humble, la plus simple, d'un cœur aimant
On l'accueille, humblement soi-même et simplement.
C'est toujours ça de pris dont on goûte les charmes.
Ah ! qu'Homère a raison, quand, les premières larmes
D'Odysseus, il les fait doucement épancher
Entre les bras tremblants de son « divin porcher »,
Glorifiant l'amour que l'un à l'autre porte,
Et quand le grand héros, subtil, à l'âme forte,
N'a pas honte à montrer qu'il se laisse émouvoir
Par son pauvre vieux chien mourant de le revoir !

XLI

Merci, toi qu'on se fait à ses propres dépens,
Expérience ! Ainsi, dans des coins à serpents,
Par les rocs, les ajoncs, les ronciers des venelles,
Aux buissons épineux on cueille des prunelles,
Et l'on se met les doigts en sang, la bouche en feu,
A fouiller dans ces dards et mordre le fruit bleu.
Son âpreté farouche aux saveurs agressives
Vous lie à ce moment les dents et les gencives.
Mais gardez-les, ces fruits ; attendez que le gel
Les tale ; dans du vieil alcool sucrez leur fiel ;
Et voilà pour l'hiver une bouteille exquise,
Douce d'autant qu'on l'a plus durement conquise ;
Et c'est, goûtée alors, une fine liqueur
Qui parfume la bouche et remonte le cœur.

XLII

En quatre mouvements, deux temps, quelques avis !
Ne s'embêtera pas, qui les aura suivis.
Quand un sot vous arrête en chemin, passer outre ;
Préférer cependant l'imbécile au jean-foutre ;
Ne rien faire qu'un jour on doive renier ;
Croire que chaque instant qui vient est le dernier ;
Laisser de temps en temps sa cervelle en jachère ;
Trouver bon qu'un vacher soit fou de sa vachère ;
Apprendre le français chez les gens qui l'ont su ;
Le nez camard, ne pas prétendre au nez bossu ;
Vivre très près du sol pour s'en nourrir les moelles ;
Le plus souvent qu'on peut regarder les étoiles ;
Voyager ; ne pas trop respirer le même air ;
Et ne jamais rester un an sans voir la mer.

XLIII

O sagesse avisée où je suis maintenant !
M'y tenir, et n'en pas dépasser le tournant.
Jusqu'au plein de l'hiver faire durer l'automne.
Sage, rester un fou que sa sagesse étonne.
Être le violon marqué d'un chiffre ancien
Et prisé pour cela du bon musicien.
Car le bois, travaillé par le temps fibre à fibre,
En est au point voulu d'harmonique équilibre.
Il criait autrefois au toucher de l'archet
Comme si brusquement un ongle l'écorchait.
Il semblait en trouver la caresse méchante.
Aujourd'hui, sous l'archet, dès qu'on l'attaque, il chante.
Table, âme, chevalet, nerfs, il est tout vibrant.
Et plus on a joué dessus, et plus il rend.

XLIV

De la musique ! Plus de paroles !
De farandolantes banderoles
Où chacun lit en lettres de feu,
En lettres d'onde, en lettres de nue,
Tous les noms de la fée inconnue
Qu'à jamais doit poursuivre son vœu.

C'est un maître aux fortes harmonies,
Bach, Beethoven, Wagner, les génies ;
C'est parfois un obscur musicien ;
C'est des Tsiganes diaboliques ;
C'est, dans des mineurs mélancoliques,
Un air populaire très ancien ;

Mais, quoi que ce soit qui vous subjugue,
Remous enveloppants de la fugue,
Symphonie aux pics vertigineux,
Drame lyrique aux yeux en orage,
Czardà qui miaule et qui s'enrage,
Refrains ayant tout un peuple en eux,

Qu'on soit ignare ou savant, qu'importe !
La vague qui passe vous emporte
Bercé sur des mirages chantants,
L'âme à la fois vidée et remplie,
Et dans une extase où l'on s'oublie
A ne plus sentir couler le temps.

De la musique ! De la musique !
Soûlerie idéale et physique
Dont on ne peut dire le secret !
Car la fumée en est trop subtile
Pour qu'on la prenne aux mailles du style.
Dès qu'il y touche, elle disparaît.

XLV

O lumière, couleurs, formes, fête des yeux !
Isis, honneur à tes amants aux doigts pieux
Qui purent soulever quelque coin de tes voiles
Et qui, dans les airains, les marbres et les toiles,
Ont su rendre visible un peu de ta beauté !
Que connaîtrions-nous de toi, leur œuvre ôté ?
C'est à travers leur œuvre, Isis, qu'on te contemple,
Et l'on y doit entrer comme on entre en un temple.
Pour moi, que nul autel ne vit prier jamais,
A des dévotions ici je me soumets ;
Sur mes lèvres s'éveille une oraison fervente ;
Mon cœur a des frissons de mystique épouvante ;
Et lorsque ta splendeur se manifeste à nous
Je ne me défends pas de ployer les genoux.

Vaines religions, folles mythologies,
Présentez-moi vos dieux en belles effigies,
Et leur culte aussitôt me deviendra sacré
Et de toute ma foi je les adorerai.
Ne vous aimé-je pas d'un amour sans mélange,
O Vénus de Milo, toi, Nuit de Michel-Ange,
Vous, Saintes Vierges du suave Raphaël,
Et ta femme couchée aux chairs d'ambre et de miel,
Titien, et, Vinci, ta sublime Joconde ?
Et tant d'autres, et tant ! Car la race est féconde
Des bons artistes, saints révélateurs du Beau,
Qui n'en laissent jamais éteindre le flambeau,
Qui d'Isis entrevue ont soulevé les voiles,
Et qui, dans les airains, les marbres et les toiles
Vous font vivre pour nous avec leurs doigts pieux,
O lumière, couleurs, formes, fête des yeux !

XLVI

On a passé le jour en tracas, en manœuvres,
Lutté, gagné son pain, avalé des couleuvres,
    Mâché, remâché des crapauds ;
Et pour s'en consoler voilà qu'on a l'envie
D'aller dans un théâtre où c'est encor la vie
    Et tous ses sales oripeaux.

Et l'on vient, et dans un recoin de loge basse,
Où c'est noir, poussiéreux, où ça pue, on s'entasse,
    Migraine au front, les yeux éteints.
Dans la salle, à l'étal flambant des clartés crues,
Un grotesque troupeau de brutes et de grues.
    Sur la scène, des cabotins.

Et tout à coup, c'est dans un pays de merveille,
Dans les pleurs, dans le rire ailé, qu'on se réveille,
    Les yeux ravis, le cœur battant,
Hors de soi, hors d'ici, hors de la vie immonde,
En pleins rêves, en pleine extase, et tout le monde
    Autour de vous en fait autant.

Et cette salle et vous, au souffle du génie,
D'un accord unanime, ardent, on communie,
    Tous, sots, malins, bons et pervers,
Dans le sanglot tragique où crie une âme humaine,
Dans le comique franc qu'un mot de verve amène,
    Ou dans le ciel pur des beaux vers.

Et l'homme au menton bleu, méprisé tout à l'heure,
Sa femme au teint de fard, c'est elle ou lui qui pleure,
    Qui chante, qui souffre, qui rit,
Et souvent de vrais pleurs ruissellent sur leurs joues,
Et parfois l'instrument dont le poète joue
    Vit le drame par l'autre écrit.

Il en est dont le jeu, seul, par lui-même, crée.
Le génie à leur front mit sa flamme sacrée,
    Et quand on entend ces élus,

Le plus solide orgueil devient la feuille morte
Qu'un ouragan fougueux dans la tourmente emporte,
  Folle, et qui ne s'appartient plus.

O rouge enthousiasme, ô douceur d'être en proie,
De se fondre, pâmé, dans ce poing qui vous broie,
  D'y céder sans rébellion,
Et de s'en revenir la nuit, sous les étoiles,
En sentant fermenter et monter dans ses moelles
  Comme une moelle de lion !

XLVII

Quel hiver peut faner vos rosiers remontants,
Quand sa neige serait la neige des cent ans,
O frais avrils toujours avrils, Lettres divines
Par qui même un front nu creusé d'âpres ravines
Est un parterre en fleurs, un champ lourd de moissons,
Un bois féerique plein des plus folles chansons,
Une riche cité débordante de foule,
Un océan roulant des trésors dans sa houle,
Un firmament criblé d'astres, un univers !
Sait-on quel âge on a quand on lit de beaux vers,
Qu'on étudie avec les savants et les sages ?
Ce n'est pas quarante ans, ni cent, c'est tous les âges.
Ou plutôt ce n'en est aucun ; car les instants
Y sont de tous les temps ensemble et hors du temps.

O lecture, travail, Lettres magiciennes !
Il fait froid ; il fait nuit ; aux fentes des persiennes
Le vent aigu glapit dans son aigre hautbois ;
Les pieds chauds aux chenets flambants d'un feu de bois,
Rien ne venant troubler ma paix, ma solitude,
Que de soirs merveilleux j'ai passés à l'étude,
Immobile comme un vieillard, dans la douceur
De vivre avec un cher poète, un grand penseur,
Sans que minuit sonné m'empêchât de poursuivre,
Sous le regard ami de ma lampe de cuivre !
Parfois, c'est un auteur aboli que je tiens,
Et je songe : « Ses vers, ainsi qu'à toi les tiens,
« Lui furent doux alors qu'il se sentait en veine.
« Ah ! si ta gloire était, comme est sa gloire, vaine !
« Si ton œuvre dans l'ombre aussi s'engloutissait !
« Il se crut immortel. On ne sait plus qui c'est. »
Et me voilà pour lui pris d'une pitié tendre.
Comme s'il était là, ravi de les entendre,
Je dis ses vers tout haut, de ma plus belle voix,
J'en fais sonner l'or tel qu'il sonnait autrefois,
Et je lui rends un peu de cette heure bénie
Où lui-même et son temps croyaient à son génie.
Il en avait, parbleu ! Tous n'ont pas mérité,
Ces abolis, l'oubli de la postérité.
Que d'injustes brevets souvent elle délivre !
Dans ma bibliothèque ainsi ce pauvre livre

Perchait obscurément sur les sombres hauteurs.
Fais-lui place au grand jour, rayon des bons auteurs !
Ah ! ces bons, qu'ils sont bons ! Famille aimée, aimante,
Innombrable, et dont tous les jours le nombre augmente !
Chaque admiration neuve en grossit les rangs.
Plus on vieillit, plus on y compte de parents.
Parents miraculeux, puisque l'on en partage,
Sans qu'ils meurent, et sans l'amoindrir, l'héritage !
Parents prodigues ! Tous les siècles, les pays,
Ils en lèguent les biens à nos yeux ébahis.
Plus de durée en y plongeant, plus de distances !
Quand on vit avec eux, on vit mille existences.
Quelque monde qu'on cherche, ils en ont le chemin.
Une bibliothèque est tout le genre humain,
Et partout où passa dans le temps et l'espace
Son action, son vœu, son rêve, on y repasse.
On en est la mémoire ; on le voit, on l'entend
Qui reprend conscience en vous, ressuscitant.
Tout se réveille, tout renaît, contrée, époque,
Au Sésame-ouvre-toi du livre qui l'évoque,
Et d'un réveil si net, que soi-même en effet
On est contemporain des amis qu'on s'y fait.
Avec le Pentaour exhumé d'une crypte,
N'ai-je pas habité ton sol, antique Égypte,
Porté le pschent, et sur le Nil aux bords fumants
Chassé les ibis bleus et les roses flamants ?

Mahâ-bhârata, fleuve aux méandres énormes,
J'ai connu tes Dévas prenant toutes les formes,
Tes ascètes, lotus au poing, regards en bas,
Tes Kshatryas vainqueurs, et les lourds nitambas
Que d'un pas indolent roulent tes belles filles
Au rythme de l'or clair qui tinte à leurs chevilles.
J'ai humé le nectar de ton ivresse, Hellas,
Lorsque tu célébras Salamine. O Pallas
Athènè, sous l'éclair de tes prunelles perses
Dans les flots égéens se fond l'orgueil des Perses.
Pallas, j'ai chanté l'hymne où retentit ton nom
Devant la colonnade en fleurs du Parthénon !
Li-taï-pé, j'ai dit tes vers à sept cadences.
Je sais, dans Martial, marier pour vos danses,
Gaditanes tordant votre ventre et vos reins,
Les crembales d'ébène aux ronflants tambourins.
Vieux Paris, à courir tes sinistres ruelles,
Avec le bon Villon j'en ai vu de cruelles !
Nous avons mis à mal Rueil et Montpipeau ;
Mais Colin des Cayeulx n'a pas « gardé la peau »,
Et guéri pour toujours des faims et des pépies,
Il aiguise les becs des corbeaux et des pies.
Et nous, serons-nous grains dans ces noirs chapelets ?
Bah ! nous avons repris teint clair chez Rabelais
Où tu t'épanouis en pleine tumescence,
Luxuriante, soûle et belle Renaissance.

Jérémie, Isaïe, Ezéchiel, nabis,
Souillons nos fronts de cendre, arrachons nos habits,
Soufflons contre les rois les fureurs populaires !
Iaveh va montrer au vent de nos colères
Babylone croulant de la base aux créneaux.
O Catulle, le plus suave des moineaux
Est donc mort? Lesbia, les paupières rougies,
En pleure ! Ciselons l'or fin des élégies,
Et faisons, pour l'honneur des délicats amants,
De ces pleurs enchâssés d'immortels diamants.
Sous ton rouge bonnet j'ai ta prunelle ardente,
Et j'ai ta bile, et j'ai tes rancunes, ô Dante,
Et je les hais, tous ceux que la torture tord,
Damnés justement, certe, eux qui t'avaient fait tort.
En hiéroglyphes blancs tracés sur des peaux brunes
Les héros des Sagas m'ont enseigné les Runes ;
Nous avons empourpré la mer couleur de fiel ;
Et l'écume du sang a jailli jusqu'au ciel ;
Et nous avons chanté sur les harpes de pierre,
Fous de fureur, de coups, d'hydromel et de bière.
Saadi, j'ai touché tes roses de carmin
Et l'odeur de la rose est toujours sur ma main.
O Shakespeare, empereur de toute l'âme humaine,
Tu m'as montré de long en large ton domaine,
Et rien qu'avec toi seul, ô Shakespeare, on connaît
Tout le tas de vertus et de vices qu'on est.

En humant cette absinthe en deuil d'où le miel filtre,
Tes vers amers, ô grand Lucrèce, le noir philtre
Dans lequel une femme a noyé ta raison,
Il me semble à mon tour en flairer le poison,
Qu'a fait cuire à Suburre en sa verte bassine
Une Thessalienne à gueule d'assassine,
Pendant que sous les coups de son fouet vipérin
Vrombissait le sabot fait d'un magique airain.
Honte à la vieille ! Honte à l'amante perverse !
O quatrains de Khéyam ! Quel vin d'or il me verse,
Cet ivrogne subtil, fougueux et souriant !
J'y bois tout le soleil. J'y bois tout l'Orient.
« Faites, faites, dit-il, de ma cendre une argile ;
« Qu'on la donne au potier ; que sur sa roue agile
« Il la façonne en jarre, et ce ventre divin
« Emplissez-le de vin, de vin, de vin, de vin ! »
Oh ! de quels vins je suis aussi la jarre pleine ?
De tant de vins, tant, tant, que je perdrais haleine
A vouloir essayer d'en citer tous les noms.
O pauvre papier blanc, si nous l'entreprenons,
Tu deviendras un noir catalogue, où défile,
Au gré du bouquiniste et du bibliophile,
Pêle-mêle, un ramas de classiques, grognons
D'être classés à la venvole en rang d'oignons.
Chers amis, bons amis, je me ferais un crime
De piquer là vos noms au crochet de la rime.

Restez en paix fleurir dans l'ombre des casiers
D'où je vous tire avec des doigts extasiés,
Comme de vieux flacons de liqueur sans égale
Et dont avec respect, pieux, on se régale.
Peut-être que déjà c'est sacrilège un peu
De n'avoir pas gardé pour moi mon coin du feu,
Mes beaux soirs de profonde et douce solitude,
Mes rêves, rouges fruits fils de la pâle étude,
Mes bonheurs de vieillard que nul n'avait trahis,
Hôte de tous les temps et de tous les pays
Où mes livres sorciers avec eux me font vivre
Sous le regard ami de ma lampe de cuivre.

XLVIII

Santé des quarante ans, où semble que renaisse
Tout l'homme reverdi de seconde jeunesse,
Quand il fit de son corps un docile instrument,
Un chien fidèle, un bon serviteur, en l'aimant !
Et l'aimer, ce n'est pas en boissons, nourritures,
Pour pain quotidien lui flanquer des bitures
Dont la chair dilatée empâte son tissu.
Il s'agit d'être fort, et non d'être pansu.
L'aimer, c'est le vouloir qui travaille, qui grouille,
C'est en tenir l'acier net, fourbi, pur de rouille,
Fusil toujours tout prêt dès qu'on sonne au drapeau,
C'est ne pas avoir peur de lui tanner la peau,
De lui raidir le muscle et de lui mettre aux membres
Contre le feu des Juins et le gel des Décembres

Un cuir de dur-à-cuire à l'épreuve de tout,
Cuir de troupier ayant, comme on dit, de l'atout,
Et qui, l'arme au bras, sûr de ce vieux camarade,
S'aligne à la bataille ainsi qu'à la parade.
Vive la quarantaine et ses corps bien portants !
J'en sais qui font loucher des gaillards de vingt ans.
Labeurs de jour, labeurs de nuit, soleil, froidure,
Vent, pluie, étapes, faim, soif, douleur, il endure
Tout ce qu'on veut, ce corps formé, ce corps tendu,
Quand on l'a mis en forme à lui payer son dû.
Et c'est pitié parfois de voir, traînant la quille,
Des jeunes dont la canne a l'air d'une béquille
Et qui semblent des trois-pattes estropiés,
Cependant qu'on va, soi, d'aplomb sur ses deux pieds,
Avec ses quarante ans à l'oreille en cocarde,
L'âge que vous aviez, vieux de la vieille garde !

XLIX

Je les plains, les purs cerveaux
A leur seul culte dévots,
Ignorant ce que tu vaux
Et ta noble gymnastique,
O corps qu'ils ont en mépris
Et dont je dirai le prix,
Corps sain, vigoureux, bien pris,
Dur, souple, agile, élastique !

C'est bon et c'est beau pourtant,
Gonfler ses muscles qu'on tend
Et portant, luttant, sautant,
Sans craindre que rien altère
Cette force qu'on accroît,

Sentir l'homme dans son droit
Quand, orgueilleux, il se croit
L'animal-roi de la terre ;

Avoir le sang toujours frais,
Tous les membres prompts et prêts,
Poignets, épaules, jarrets,
Taille étroite, poitrail large ;
En ces membres prêts et prompts
Entendre aux moindres affronts
Les tambours et les clairons
De ce sang sonnant la charge ;

Être si gaîment viril
Que l'approche du péril
Vous est une aube d'avril,
Vous est une rose éclose,
Vers quoi l'on va de l'avant
Sans autre dessein souvent
Que d'être brave et bravant
Et sans s'étonner qu'on l'ose ;

Simplement, pour voir un peu
Si l'huile d'un beau sang bleu
Donne toujours libre jeu
Aux ressorts de sa machine,

Entreprendre des travaux
Où bien de jeunes rivaux
Malgré leurs nerfs tout nouveaux
Se sentent rompre l'échine ;

Être, au long d'un jour entier,
Chasseur, rameur, chalutier ;
Faire, ainsi qu'un du métier,
Des haltères, du trapèze ;
Sans peur d'y casser ses os,
Voler comme les oiseaux,
Prendre les airs pour des eaux
Où l'on flotte et plus ne pèse ;

Saisir l'étalon aux crins,
Enfourcher d'un bond ses reins,
Et, droit sur ses flancs étreints,
Humer le vent qui restaure,
S'en soûler éperdument
Et, fou, croire en le humant
Qu'on y flaire une jument
Dont on est l'amant centaure ;

Pour rafraîchir ces chaleurs,
Plonger dans les flots hurleurs,
Et, ses bras mêlés aux leurs,

Sa poitrine à leurs poitrines,
Les vaincre, ces demi-dieux,
Et de leurs gouffres pleins d'yeux
Sortir, le col radieux
D'un collier d'aigues-marines ;

Et tout cela qui vous plaît
Le faire sans effort laid,
Avec l'abandon complet,
Avec la grâce charmante
Des nonchalants goélands
Dont les plus fougueux élans
Semblent, distraits, doux et lents,
Se jouer dans la tourmente ;

Le faire sans laisser voir
Qu'on remplit un saint devoir
Et que l'homme a ce pouvoir
Dont rien ne le destitue :
Par les mouvements accorts
Aux harmonieux accords
Sculpter lui-même son corps
Et l'ériger en statue !

Ne pas croire l'idée une plante de serre,
Que le grand air la tue, et qu'il est nécessaire
De lui fournir un corps malingre pour terreau,
Car en un corps trop fort elle devient zéro !
Non, le front ne perd point ce que gagne le torse.
Un tronc solide sous une solide écorce
Empêche-t-il qu'un arbre ait des fruits et des fleurs ?
Le chêne aux larges mains berce des nids siffleurs.
Milon, qui porte un bœuf, le tue et le dévore,
Est disciple, sais-tu de qui ? De Pythagore.
Pour entendre un tel maître et tout ce qu'il entend
Il fallait n'être pas une brute, pourtant !
Eschyle fut boxeur. Sophocle fut athlète.
Cela, loin d'amoindrir leur gloire, la complète.

Auraient-ils chanté mieux en n'étant pas ainsi ?
Et que dis-tu du grand Léonard de Vinci,
Sublime artiste en tout, profond savant, esthète ?
L'idée a-t-elle donc mal germé dans sa tête
A cause qu'il avait les membres résistants
Et qu'il était *le plus bel homme de son temps?*
Va, va, si tu le peux, en tes mâles années,
Exerce les vigueurs qui te furent données,
Sans peur que ton esprit ait ton corps pour tombeau.
Même si le génie en toi met son flambeau,
Tu vois bien que les feux n'en sont pas ridicules
Pour être à bout de bras portés par des hercules.
Fils d'un monde où le corps humain se rabougrit,
Laisse nos culs-de-plomb dont l'estomac s'aigrit
Cultiver leur pensée en l'arrosant de bile.
Toi, tâche d'être grand sans végéter débile ;
Et, comme à l'heure antique, où l'homme heureux, serein,
Avait une âme haute et dans un corps d'airain,
Invoque, aux jeux dont corps et âme tu t'amuses,
Phoibos Apollôn, dieu du soleil et des Muses,
Inventeur de la lyre, accoucheur des cerveaux,
Mais tout ensemble archer et dompteur de chevaux,
Qui se raidit ainsi qu'un lutteur sur l'arène
Pour mener droit son char à la quadruple rêne,
Et, lorsqu'il veut vider son carquois lumineux,
Tend des muscles de marbre où se gonflent des nœuds !

LI

O Douleur, hydre bicéphale,
Mal physique où le corps des forts se tord dompté,
Affliction du cœur où lâchement s'affale
    La plus ferme volonté,
Toi qui fis la loi même au héros du Stymphale,
Par Déjanire et par Nessus vengeurs d'Omphale,
    O Douleur dont toute santé,
Du cœur le plus vaillant, du corps le mieux planté,
    Doit quelque jour ouïr à son côté
Sonner lugubrement la marche triomphale,
    A mon tour tu m'as souffleté
    Du vent de ta double rafale,
Mal physique où le corps des forts se tord dompté,
Affliction du cœur où lâchement s'affale

La plus ferme volonté,
O Douleur, hydre bicéphale,
A mon tour avec toi je me suis colleté.

J'avais déjà senti l'atteinte
De ta vague haleine glissant
Sur mon front d'adolescent.
Si légère, alors, qu'à peine on la sent !
Tel un nuage furtif passant
Dans un ciel éblouissant.
Mais j'ignorais l'horrible teinte
Que prend le ciel noyé de ténèbres de sang,
Quand la pince du mal vous tenaille, grinçant,
Les yeux clos, l'âme presque éteinte ;
Et je ne savais pas non plus, pauvre innocent,
En quels gouffres d'affre on descend
Quand près d'un être cher, qu'on a vu trépassant,
On entend sangloter au petit jour naissant
Le glas qui tinte.

Je le sais désormais
Et quels crimes tu commets,
O Goule
Dont nos corps et nos cœurs sont les sinistres mets.
Le vin des pleurs que tu me réclamais,
J'en abreuvai ta soif assez pour t'en voir soûle.

Mon corps fut dans tes mains l'épave que la houle
   Sur des crocs de rocs roule.
Et mon cœur fut semblable aux neiges des sommets
Dont l'avalanche blanche en tas boueux s'écroule,
  Quand j'ai sur le front des morts que j'aimais,
   Avant qu'au linceul on les roule,
Mis le dernier baiser qu'ils ne rendront jamais.

   De mon corps que tu tortures,
De mes muscles raidis d'atroces contractures,
    De mes flancs que vous happez,
Épreintes, dents de feu, strangulantes ceintures,
  Je ne t'en veux pas, monstre qui pâtures
   Sur notre chair aux nerfs crispés.
   Venez donc, souffrances futures !
    Frappez encor, frappez !
Vos coups forgent le fer des vaillantes natures.
Aux glaives du vouloir qui sont inoccupés
   La rouille met ses mouchetures ;
Et pour tant de combats, homme, où tu t'aventures,
Du torrent des douleurs, du lac des courbatures,
   Ces glaives sortent mieux trempés.

   Puis quel suave délice,
  Quand, vaincu, le monstre se rend !
Ne plus sentir à ses flancs ce cilice

Au crin déchirant !
Boire tout au fond du calice,
Après les noirs vitriols du supplice,
Ce vin sucré, léger, clair, mousseux, enivrant,
De la convalescence, où l'on rapprend
La douceur d'être un petit sans malice,
Qui se laisse bercer, au reste indifférent,
Ame lisse
Sur qui tout glisse
Sauf la sensation d'être là, respirant !
Première nuit qu'on dort ! Premier repas qu'on prend !
Par delà le rideau d'ombre qui se déplisse,
Revoir le ciel, le trouver grand,
Se dire qu'on va vivre encore en l'admirant !

Hélas ! il n'est point de tels baumes
Aux coups reçus en plein cœur,
Pour ceux-là qui n'ont pas ce divin remorqueur,
La foi, nef déployant les ailes d'or des psaumes
Qu'enfle l'espoir vainqueur
De retrouver les morts aux célestes royaumes
Et d'en faire avec eux, tous, retentir les dômes
Sans qu'il manque une voix au chœur.
Or, pour moi, vous gisez tout entiers, vains atomes,
Chers morts dont j'ai tenu les paumes dans mes paumes.
Et je ne crois qu'en mon souvenir évoqueur

Vous conservant comme dans les aromes
D'une incorruptible liqueur
Pour faire un peu revivre aux yeux de ma rancœur
Vos faces de fantômes.

Mais à l'heure où je vous perdis,
Oh ! la plus solennelle entre les solennelles !
Les mots silencieux que vos troubles prunelles
Mystérieusement ont dits
Aux miennes se fondant en elles,
Sont restés lumineux dans mes yeux agrandis
Comme les drapeaux brandis
Des charités fraternelles.

Car ils disaient, tristes éperdument :
« Tu connaîtras aussi le hideux dénouement.
« Tu seras ce que nous sommes,
« Un vague lumignon fumant
« Qui va s'éteindre comme on le vit s'allumant
« Sans savoir pourquoi ni comment.
« Conquiers de la gloire ou gagne des sommes,
« Il faudra tout quitter, quitter absolument,
« En t'endormant
« De ce dernier des sommes.
« Et tu n'auras plus rien au lugubre moment,
« Que ceci seulement,

« D'être aimé si tu fus aimant.
« De tous les actes, bien ou mal, que tu consommes,
« Voilà l'unique vrai, sûr, et le reste ment.
« Aime donc ardemment, bonnement, bêtement,
« Ta femme, tes petits, tes amis, et clément
« À tes frères, aimant les leurs pareillement,
　　« Aime les hommes, tous les hommes,
　　« Tous ces malades que nous sommes,
　　　« Tous ces pauvres que nous sommes,
　« Tous ces condamnés à mort que nous sommes ! »

Douleur, sainte douleur, oh ! toi, ne reviens plus.
　　　Il suffit à mes destinées
　　Des deux leçons si durement données
Et qu'aux yeux de mon père et ma mère je lus.
　　　J'ai compris comme tu voulus.
D'autres enseignements y seraient superflus.
A tes îles d'or noir, de cyprès couronnées,
　　Puissent mes séjours être révolus !
Douleur, je ne veux pas être un de tes élus.
Frappe, tant qu'il te plaît, mes membres résolus
　　　De tes flèches forcenées.
Fais-leur la chasse à telles randonnées
　　　　Qu'ils en tombent perclus.
　　　Mais épargne-moi les reflux
　　　Par qui mes futures années

Sous un vent de deuil seraient ramenées
Vers tes îles d'or noir aux funèbres talus
Fleuris de solanées.
Douleur du cœur, Douleur aux mains empoisonnées,
Douleur dont les poisons sont aussi des saluts,
Je te bénis ; que te soient pardonnées
Ces épouvantables journées !
Oui, je vaux mieux après qu'avant je ne valus.
Mais puisque j'ai compris ainsi que tu voulus,
Mais puisque j'ai compris, Douleur, ne reviens plus !
Que de telles heures ne me soient plus
Aux tintements du glas sonnées !
Et puisque j'ai compris, Douleur, ne reviens plus,
Ne reviens plus, ne reviens plus !

LII

Hors, hors de ton château, la Belle au bois dormant,
Métaphysique !... O vieux château ! L'ameublement
Est en nuage et les murailles sont en rêve.
Et la vie, à n'y pas vivre, fuit. Longue ou brève,
On ne sait ; car parfois on croit que l'on y sent
Dans un éclair furtif l'éternité passant.
Mais quel silence, plein de visions abstraites
Qui s'effacent soudain sous les mains déjà prêtes
A les saisir, les mains en gestes éperdus
N'étreignant que le rien des fantômes fondus !
Et le réveil ! Seul, seul, dans le nu de ces chambres
Désertes ! Un froid noir vous glace. On a les membres
Paralysés, le cœur presque sans battement...
Hors, hors de ton château, la Belle au bois dormant !

Fuyons ! De l'air ! Du bruit ! Du mouvement ! La rue
Où la foule grouillante et hurlante se rue !
Dans cette vaste mer que je sois baliotté !
Je suis homme et veux prendre un bain d'humanité.
O délices ! Voici qu'aux flots drus de la houle,
Flot moi-même, je suis mêlé ; je vais ; je roule ;
Je plonge dans vos heurts tous mes muscles ravis,
Tourbillonnants remous de mes frères; je vis.
Acres sueurs des corps, souffles chauds des haleines,
Forts effluves des chairs que je palpe à mains pleines,
Odeurs de l'homme, en mes poumons inassouvis
Je veux vous boire jusqu'à l'ivresse ; je vis.
A vivre en furieux votre fureur m'exhorte.
Je ne sais pas vers quoi nous allons de la sorte ;
Vous y courez, j'y cours ; flots par d'autres suivis,
Je suis des vôtres, moi votre frère ; je vis...
Hélas ! Dans le château de la Belle perverse
Je me suis trop soûlé du poison qu'elle verse !
Je ne puis m'en passer à présent, du poison.
J'ai besoin, quand j'agis, d'en savoir la raison.
Ah ! lequel d'entre vous, au milieu du vacarme,
Dressant quelque drapeau, me fournissant quelque arme,
Va m'indiquer le but où tend tout notre effort ?
Ah ! même le voulant, pourrait-il assez fort
Me le crier, parmi ce tumulte en tempête
Où le vent le plus fou soufflant dans sa trompette

Et le coup de canon du tonnerre éclatant
Ne font qu'un bruit perdu que personne n'entend ?
« Frères, frères, par grâce, un instant de silence !
« Si quelqu'un sait, qu'il puisse être écouté ! » Je lance
De toute ma vigueur au plus fort du fracas
Cet inutile appel dont pas un ne fait cas,
Car chacun est en train de clamer pour son compte
Et nul ne s'intéresse à ce qu'autrui raconte.
... Par gestes ! Je dirai par gestes. Essayons !
Mais au fond de quels yeux les nicher, ces rayons
Qui s'envolent, parleurs, de mes mains magnétiques ?
Tellement vite, à des galops si frénétiques,
Courent ces flots ! Si bref est le vague moment
Où je peux contempler ces fuyards fixement !
A peine mes doigts prompts ont jeté par l'espace
Leur geste à l'un qui vient, c'est un autre qui passe ;
Et je n'ai pas le temps d'échanger deux regards
Avec ces apparus disparaissant hagards.
Oh ! l'horrible soupçon qui soudain me pénètre !
Pendant que d'eux je cherche à me faire connaître,
Qui sait à mon endroit s'ils n'en font pas autant,
Et si ces gestes fous et ces bras qu'on me tend,
Tordus, passionnés, tragiques et rapides,
N'accusent pas aussi mes yeux d'être stupides ?
Ils ont l'air de vouloir me parler, oui, je vois,
Et désespérément leurs mains ont une voix.

Où nous allons, à quoi leurs vagues me charrient,
Pourquoi nul ne m'entend, voilà ce qu'ils me crient,
Et quelle angoisse mord leurs pauvres cœurs souffrants
De ne comprendre pas si moi je les comprends.
Et, trouvant leur angoisse à la mienne pareille,
Vers un soupçon plus triste encore j'appareille.
S'ils me ressemblent tant, c'est que peut-être aussi
Ne sont-ils rien devant mon regard obscurci
Que les reflets sans nombre où ma face livide
Sans fin se multiplie aux mirages du vide.
Mais non, non ! Si c'était cela, seul au milieu
De cet universel néant, je serais Dieu.
Et je ne suis pas Dieu ; car je souffre et je pleure.
Et je suis cependant. Et tu n'es pas un leurre
Non plus, ô vaste mer où je vais me heurtant
A tous ces flots humains qui me ressemblent tant.
Et c'est pourquoi je t'aime et j'aime que ta houle
Avec eux, moi, l'un d'eux, pêle-mêle me roule,
Me baise, m'enveloppe et me pénètre à fond.
On a là des instants où l'on croit qu'on s'y fond,
Où l'on sent, dans ce peu que l'on est de matière,
Toute l'humanité qui se résume entière,
Où cette certitude à l'esprit inquiet
S'impose, que l'homme est quelque chose qui est.
Tout verbe, à dire ça, semblerait indigeste.
Le cri n'en saurait rien exprimer, ni le geste.

Mais la sensation fulgurante, elle, a lui ;
On a pris de son moi conscience en autrui,
Et touché, sous le noir *tout-coule* épouvantable,
Cela qui paraît clair, essentiel et stable.
Or nul raisonnement là-contre ne prévaut.
Ô Belle au bois dormant dont je fus le dévot,
Parmi les requiems de ta vaine musique
Tu ne l'enterreras jamais, Métaphysique,
Ce spasme inoublié par qui, fût-ce un moment,
Rien qu'un, et sans savoir ni pourquoi ni comment,
Me fut donné de boire à ma soif assouvie
La sensation nette et sûre de la vie.
Ah ! pour ce point réel dans tant d'inanité,
Je t'aime et te bénis, bon bain d'humanité.
Si rare qu'elle soit, cette minute vague
Sait me suffire pour qu'en tes flots je sois vague
Avec joie, avec rage, avec amour. Ô mer
Faite d'hommes, ton eau n'a point de goût amer ;
Les effluves puants dont elle est composée,
Me sont doux plus qu'aux fleurs n'est douce la rosée ;
Et, tel un dieu goûtant son nectar, à plein cœur
Je te hume, ô puissante, ô suave liqueur
Qu'avec un respect tendre et douloureux je nomme,
Sueur de l'homme, qui sens l'homme, le pauvre homme,
L'homme maudit par l'homme et par l'homme béni,
L'homme perdu sans guide au noir de l'infini,

Troupeau bêlant où l'un contre l'autre on se serre,
L'homme absurde, sublime et bas, fourbe et sincère,
L'homme, bavard dément parmi des sourds-muets,
L'infirme que je suis, mon frère, et que tu es !

LIII

Pardon, Métaphysique, oh ! pardon,
Belle au bois dormant qui m'as fait don
De tant de caresses merveilleuses !
Moi, mordre ton sein qui m'abreuvait !
Moi, vouloir souffler à mon chevet
Tes grands yeux aux si douces veilleuses !

Pardon, la belle, et reviens encor
Sourire en l'extravagant décor
De contes, de fantasmagories,
De possibles rêves, rêvassés,
Dont, sans jamais qu'on en ait assez,
Tes lèvres de folle sont fleuries.

MES PARADIS

Je le sais bien, Belle au bois dormant,
Qu'on ne peut être que ton amant,
Et qu'à tout le monde est refusée,
Même au plus grand, au plus immortel,
La gloire d'être devant l'autel
L'époux d'une pareille épousée ;

Je le sais bien, que, pris à tes glus,
Je ne serai jamais qu'un de plus
Dans le troupeau des mâles sans nombre
A qui ta stérilité défend
Tout espoir de te faire un enfant,
Toi dont la matrice n'est qu'une ombre ;

Je le sais bien, que tes amoureux
Deviennent ainsi des songe-creux,
Semeurs de néant dans l'étendue ;
Je le sais bien, et que je mourrai
Sans qu'à ton ventre en vain labouré
Germe, hélas ! ma semence perdue ;

Je le sais bien ; je t'aime pourtant,
Après tant d'autres, et tant, et tant,
Qui dans leurs bras pour rien t'ont saisie ;

Après eux, comme eux, Belle aux beaux seins,
Je t'aime, malgré tes noirs desseins,
Sans amertume et sans jalousie ;

Je t'aime, ô suceuse de cerveaux,
D'un cœur aux désirs toujours nouveaux
Et qui vers toi vole, vole, vole,
Quand sous les veilleuses de tes yeux
S'allument des cieux, des cieux, des cieux,
Aux bulles de tes lèvres de folle.

LIV

Loin, plus loin, par delà les ultimes Thulés,
Sous le blême zénith éclairant les cieux mornes
Avec le candélabre aux sept cierges gelés,

Dans un air où la vie a ses suprêmes bornes,
Où plus rien d'animé ne vibre et ne s'entend,
Pas même un souvenir du vol muet des Nornes,

Sur une mer figée en un bloc résistant,
Voici l'île d'or pâle et le palais de glace
Dont l'Abstrait sans figure est l'unique habitant.

Laisse à la porte, avant que d'entrer dans la place,
Tout ce qui te rappelle un sentiment humain.
Considère le Temps comme leurre et fallace.

Car c'est ici le jour sans hier ni demain
Où tu vas tâcher, toi, le fini, l'éphémère,
De tenir l'éternel dans le creux de ta main.

Oubliant que l'on eut une femme pour mère,
Il faut ici vouloir être un monstre, l'enfant
Qu'engendrerait le Sphinx en baisant la Chimère,

Monstre d'orgueil sublime, absurde et triomphant,
Qui s'arrache le cœur soi-même et les entrailles,
Se mange le cerveau dans son crâne qu'il fend,

Et sait qu'au blanc sommet de ces blanches murailles
Il sera prêtre et Dieu, devant et sur l'autel,
De son baptême ensemble et de ses funérailles.

O mon frère, qui tiens à l'espoir immortel,
Te sens-tu fort assez pour risquer qu'il y meure?
Alors suis-moi, viens! Moi, je me suis senti tel.

Quitte à me voir mourir et naître à la même heure
Pour laisser prendre en moi conscience au néant,
Je suis entré dans la glaciale demeure.

Je me suis fait, moi-même ainsi me recréant,
Le monstre au cœur muet, aux entrailles vidées,
Qui mange son cerveau dans son crâne béant,

Et qui n'est plus que deux prunelles décidées
A se geler d'horreur en ce palais du froid
Où l'Abstrait sans figure a pour corps les idées.

Dès l'entrée, aussitôt franchi le seuil étroit,
Toute couleur s'éteint, et, seule survivante,
Ce n'est qu'une blancheur dont la blancheur s'accroit.

Car de chaque blancheur se blanchit la suivante,
Et de toutes se tisse un linceul de reflets
Dans lequel on se sent mort et blanc d'épouvante.

Et cependant sois brave, ô frère, et dompte-les,
Ces affres de blancheur dont l'épreuve première
N'est rien près des blancheurs au faîte du palais.

Viens ! Ta vue y prendra la force coutumière
De contempler bientôt, face à face, à pleins yeux,
L'absolu blanc du faîte aveuglant de lumière.

Nous y voici, plus haut que le plus haut des cieux,
Hors du temps, hors de tout, dans l'extrême froidure
De la pensée, et c'est enfin délicieux.

Au fond du diamant de glace où l'on s'indure,
Il n'arrive plus rien du concret passager ;
Il ne s'y réfléchit que l'Abstrait seul qui dure.

On l'y voit, lorsque tout change, ne point changer ;
On y réduit le monde en équation claire
Et dont l'x apparaît facile à dégager ;

On tient le théorème ; on suit le corollaire ;
Et le Tout se révèle une sphère de Rien
Que trace au sein du vide un geste orbiculaire.

Quel vide ! Au prix de lui le vide aérien
Semble massif. Dans ces gouffres où je le lance,
Le Néant plane, spectre au vol nyctérien.

O ses ailes de glace, et d'ombre et de silence !
Comme on y dort bercé voluptueusement
Dans un hamac d'orgueil que soi-même on balance !

On y dort l'effroyable et suave moment
De percevoir dans la blancheur immarcescible
Que l'Abstrait contemplé comme le reste ment,

Que le monde est ensemble et sa flèche et sa cible,
Que c'est de l'infini cherchant dans du fini
Sa conscience au fond d'un coït non possible,

Et qu'il s'en désespère et qu'il en est puni,
Et qu'on est un des pleurs vivants par lesquels pleure
Son éternel Eli lamma sabacthani.

Mais ce pleur que l'on est, qui coule, pendant l'heure
Où dans le blanc palais de glace on va rêvant,
Ce pleur, il ne ment pas, lui, ce n'est pas un leurre.

Spectres, ce pleur, c'est moi, moi, qui suis un vivant.
Oh ! rien que pour sentir dans ce néant mon être,
Au palais de l'Abstrait je reviendrai souvent,

Me refaisant le monstre enflé de tout connaître,
Le fils de la Chimère et du Sphinx, le cerveau
Dévoré par lui-même et qui meurt à renaître,

Et parmi les brouillards en livide écheveau,
Pour monter jusqu'à toi, palais d'horreur polaire,
Ile d'or blanc, je veux affronter de nouveau

L'Océan dont le froid a durci la colère
Et que le candélabre aux sept cierges gelés
Rend si pâle sous les pâleurs dont il l'éclaire,

Loin, plus loin, par delà les ultimes Thulés.

LV

Iles de l'idéal qu'on bâtit pour les autres,
Iles d'or noir, tombeaux de tous les blancs apôtres,
Où l'on entre, aux trépas infâmes décidé,
Car, le palais construit, on y meurt lapidé
Par les ingrates mains vous en jetant les pierres,
Iles, j'ai contemplé, sans baisser les paupières,
Le sort qui m'attend là si j'y veux à mon tour
Essayer de dresser vers la nue une tour
Parmi ces murs à bas devenus des décombres,
Si, vivant orgueilleux, je me mêle à vos ombres
Dont le nom resplendit d'une auréole, et si,
Dans notre ciel, de tant de brumes épaissi,
Sur ma lyre, de tant de sanglots coutumière,
J'ose l'hymne de joie en verbes de lumière.

De quel front cet athée à l'esprit mécréant
Se donne-t-il pour un Démiurge créant,
Et vient-il, violeur et tueur de nos mères,
Ferveurs, Illusions, Fois, Extases, Chimères,
Nous offrir à leur place en objet d'oraison
La monstrueuse idole enfant de sa raison ?
Soit ! je n'ai point ces droits, ayant pris les contraires ;
Je n'ai même aucun droit ; pourtant, écoutez, frères !
Si j'ai bien ou mal fait, je n'en sais rien vraiment ;
Mais, tout ce que j'ai fait, je l'ai fait vous aimant ;
Mes bonnes volontés sont pleines et sincères ;
Car j'ai pitié de vous, de moi, de nos misères,
Une pitié qui va jusqu'au besoin fougueux
De boire sur la face en ténèbres des gueux
Les larmes qu'on y voit ruisseler lamentables ;
Car j'ai honte et remords que de toutes les tables
On n'ait pas fait ainsi qu'au service divin
La Sainte Table où tous ont le pain et le vin,
Sans symbole à présent, sans mystique ironie,
Mais réels, mais donnant, quand on y communie,
Le vrai morceau de pain, le vrai verre de vin ;
Car j'estime que tout le reste sera vain
Tant qu'on rencontrera dans la famille humaine
Un seul être mourant de faim sur son domaine,
Le sol, conquête du genre humain tout entier,
Et dont par conséquent chaque homme est héritier ;

Car ceux qu'un mauvais sort exclut de l'héritage,
J'admets qu'ils ont le droit d'exiger le partage,
Et non en mendiants quêteurs de charités,
Mais en frères trahis, mais en déshérités
Qui par tous les moyens se font rendre justice ;
Car ce n'est pas assez qu'aux gueux on compatisse,
Et je veux qu'à peser son destin et le leur
Le trop riche s'accuse et se juge un voleur ;
Car s'il ne le dit pas, eux le disant, je trouve
Qu'ils disent vrai ; car s'ils le condamnent, j'approuve :
Car si de la parole ils vont à l'acte enfin,
Je n'en veux pas aux cœurs où comme un noir levain
L'exaspération de la haine fermente,
Et quand, rouge, en jaillit la révolte démente,
Une torche, un fusil, même un eustache au poing.
Contre le révolté je ne m'indigne point,
Mais loyal, comprenant qu'il ait la tête haute,
Moi j'ai la tête basse et dis : « C'est notre faute ! »
Oui, peuple, corps souffrant, âme aux obscurs instincts,
Jusque dans tes forfaits, fût-ce quand tu m'atteins,
Ce n'est jamais sur toi que je crie anathème.
Tu le vois, malfaiteur innocent, si je t'aime !
Ah ! c'est que j'en suis, moi, de ce peuple ! En mon sang
Tous mes aïeux passés le font toujours présent ;
Quand je le plains si fort que l'on s'en effarouche,
C'est que tout son vieux fiel me remonte à la bouche.

Mais quoi ! Te suffit-il, ton oisif repentir ?
Te contenteras-tu de plaindre le martyr,
De verser à sa fièvre un peu d'eau qui la calme,
Même de lui planter dans la main une palme ?
Et vas-tu lâchement devant sa croix t'asseoir,
Lui disant que peut-être, un jour, demain, ce soir,
Quelqu'un viendra, meilleur que toi, qui le délivre ?
Ah ! sans doute, tu n'as que cette arme, le livre,
Des vers, des rimes, pour l'arracher de sa croix.
Qu'importe ! Sers-t'en ! Dis ! Parle ! Ce que tu crois,
Ce que tu veux, ce que tu sens, ce que tu rêves,
Tout ce qui te paraît pouvoir rendre plus brèves
Les affres qu'il endure et depuis si longtemps,
Dis-le, dis-le ! Parmi les rires insultants
Des méchants et des sots se faisant une fête
D'appeler charlatan qui s'érige en prophète,
Dis-le ! Malgré les cris du cafard, du bedeau,
Refusant à l'athée un désir de *Credo*,
Dis-le ! Même en dépit de ceux pour qui tu plaides,
Les beautés de ta foi pouvant leur sembler laides,
Dis-le ! Quand le martyr, du haut de ses douleurs,
Le martyr dont tu bois dévotement les pleurs,
Dont tu viens de baiser les saignantes blessures,
Te paierait tes baisers en crachats et morsures
Et clamerait que tu le trahis, que tu mens,
Ce que tu veux tenter pour guérir ses tourments,

Dis-le ! Ce que tu crois la fin de son martyre,
Envers et contre tous dis-le ! Tu dois le dire.
Voici. Mes vers, ployant leur indocile front
Au joug de la logique étroite, le diront.
Si parfois leur pas traine à l'allure des proses,
Si la bave en longs fils pend de leurs mufles roses,
Loin de leur en vouloir, pris de pitié pour eux,
Songez qu'ils tirent, dans un sol dur et pierreux
Qui deviendra demain la glèbe ensemencée,
Cette forte charrue au soc lourd, la pensée.
L'idéal de justice auquel vous aspirez,
Hommes, et que moi-même à vos maux empirés
J'imagine souvent comme le seul remède,
Cet idéal ayant pour lois : *J'aide qui m'aide,*
A chacun selon ses mérites, rien de plus,
Cet idéal est faux ; ses décrets absolus
Sont faux. Il veut qu'on ait pour fléau de balance
Un fil de glaive à la pointe d'un fer de lance ;
Mais qui s'en servira ? Quels doigts assez subtils
Doseront la pesée et quels poids prendront-ils ?
Ah ! tout lit de justice est le lit de Procuste.
Pire encor ! Pour que tout fût parfaitement juste,
Pour que par aucun droit nul ne fût limité,
Il faudrait tout réduire à l'immobilité.
Chaque mouvement nuit à tous les autres, certe.
Le moindre geste, fait dans une île déserte,

Épanche un infini d'ondes vibrant en rond
Où tous les gestes, faits ailleurs, se heurteront.
Cet enchevêtrement de toiles d'araignées,
Qui les déviderait, fil à fil alignées ?
Tenants, aboutissants, avant, pendant, après,
Qui pourrait rendre entre eux d'impartiaux arrêts
Équations sans x ! Logarithmes sans table !
Absurdité ! Vouloir la nature équitable,
Croire qu'à notre rêve elle aussi se complaît,
C'est n'avoir jamais su la voir telle qu'elle est.
Quand l'homme, sentinelle en sa pauvre guérite,
Lui demande les mots de passe, *démérite*,
Mérite, elle se tait. Le seul bruit répondu,
C'est le bruit de ta voix, homme, qui t'est rendu
Par l'écho de ton cœur montant sa vaine garde.
Mérite ou démérite, est-ce qu'elle y regarde,
Elle ? Et toi-même enfin, ces mots à grand fracas,
Ces mots de ta consigne, en fais-tu toujours cas ?
Voyons si tout à leur lumière s'examine.
Qu'as-tu fait pour avoir joyeuse ou triste mine ?
Celui-ci marche droit et celui-là tordu.
Sur quoi fonderait-on qu'ils ont chacun son dû ?
L'intelligent, la brute, est-ce par récompense,
Par châtiment, qu'ils sont ainsi ? Nul ne le pense.
Et les nez grecs, les nez camus, les nez bossus,
Sont-ils des prix ou des pensums qu'on a reçus ?

Ce faible, courageux, dur, dont le front ruisselle,
Pourquoi manque-t-il l'œuvre, y mettant tout son zèle,
L'œuvre où s'amuse la nonchalance du fort ?
Souvent tous les vouloirs tendus d'un long effort
Sont moins heureux que toi dans l'art où je m'escrime,
Hasard de verve au saut capricant de la rime :
Tel beau vers naît ainsi sans qu'on l'ait mérité.
Cette femme est splendide et bonne ; en vérité
C'est Aphrodite ensemble et la Vierge elle-même ;
Elle vaut d'être aimée, adorée ; elle m'aime ;
Je dois l'aimer ; et c'est cette autre, cœur mauvais,
Minois d'un sou, qui me déteste, à qui je vais.
Et tant d'actes pareils, d'injustice accomplie,
Monstrueuse, et sous quoi pourtant il faut qu'on plie,
Sous quoi, même, sans geindre on finit par plier,
Le poids quotidien s'en faisant familier,
Et le plus juste aussi devant bien s'y soumettre,
A ces iniquités dont il n'est point le maître.
Conclusion : jetez au rancart vos compas ;
La vie est ce qu'elle est et ne s'y règle pas ;
Pour que votre idéal au réel aboutisse
N'allez point vers ce pôle absurde, la Justice.
Oh ! sous quelles clameurs vont crouler nos repos,
Mon cœur, à laisser voir, même en discrets propos
Qui lui sont les parois d'une lampe d'argile,
La terrible clarté du futur Évangile !

En leurs stupides yeux voici l'effarement.
Mais ils s'en vengeront vite et barbarement.
Écoute ce haro de rires et d'outrages
Contre nous qui venions à leurs veules courages
Verser le vin des forts, guérisseur de leurs maux.
« Poète ! Baladin ! Pitre ! Montreur de mots !
« Rhéteur ! Jongleur dont les boules d'or sont les rimes !
« Nos cœurs gonflés d'espoir, c'est toi qui les déprimes !
« Nos chers rêves, où l'homme est réhabilité,
« Nos vœux vers la Justice et vers l'Égalité,
« Toi, toi, vouloir nous les crever comme des bulles !
« Tais-toi ! Va-t'en ! Retourne avec les funambules,
« Puisque ton boniment vaut le leur entendu
« Et que la corde raide est sœur du vers tendu !
« Ta pitié pour les gueux, tes airs de camarade,
« Tes coups de gueule en leur faveur, banque, parade,
« Grosse-caisse, tambours, trombones et cornets,
« Tout l'orchestre de foire à lanciers polonais !
« Aboyeur de tréteaux, paillasse ridicule,
« Jamais nous ne prendrons ton bras qui gesticule
« Pour une aile, et saint Jean et toi pour deux jumeaux.
« A tes rimes, montreur de mots, marchand de mots ! »
Oh ! non, mes frères, non, grâce ! Sous vos risées
N'étouffez pas ma voix et ma foi méprisées !
Écoutez-moi ! J'ai tant à dire !... O lâches, fous,
Criez donc ! Je saurai crier plus fort que vous.

Car le montreur de mots va leur ouvrir la cage,
Et ses bêtes et lui parlant même langage
Rugiront leur colère avec un tel accent
Que vos oreilles d'âne en pisseront du sang.
Ah ! les mots ! Ah ! ces mots dont l'idée est l'arcane,
Ces mots dont votre épaisse ignorance ricane,
Ces mots que vous traitez comme des chiens savants,
Ces mots que je connais puisque, c'est vrai, j'en vends,
Vous ne savez donc pas que vous êtes leur proie,
Que leur patte vous tient, que leur gueule vous broie,
Que tous, les plus petits ainsi que les plus grands,
Sont vos maîtres, plus que vos maîtres, vos tyrans ;
Vous ne savez donc pas que votre âme en est faite,
Que c'est par eux qu'on est en deuil, qu'on est en fête,
Et qu'ils sont ténébreux et qu'ils sont lumineux
Selon quelle pensée est incarnée en eux,
Les uns étant drapeaux et les autres suaires,
Et que les bons montreurs de mots, ces belluaires,
Sont aussi des trouveurs de baume et médecins ;
Et si j'espère, ô tas de voleurs, d'assassins,
Guérir votre misère en terminant vos crimes,
Si je le tente avec des mots, avec des rimes,
C'est que je vois germer vos crimes et vos maux
Des mots et que j'y vois pour remèdes des mots ;
C'est que du noir enfer dont la nuit vous accable
Peut naître un ciel de joie à l'aube d'un vocable ;

C'est que je sais quels mots font de vous des damnés;
C'est qu'en dépit de vous qui vous y cramponnez,
Ces mots, pour en jeter à bas les deux colonnes,
Je me sens aux poumons des souffles de cyclones ;
C'est que je crois possible enfin le paradis
Quand vous écouterez, frères, ce que je dis,
Quand vous n'y tiendrez plus, à ces deux mots si vides,
Justice, Égalité, qui font vos fronts livides,
Vos doigts crochus, vos cœurs aigris, vos fronts hagards,
Qui mettent des couteaux d'envie en vos regards,
Et des crapauds d'envie à vos lèvres exsangues,
Et tous les noirs cancers de l'envie à vos langues,
Quand vous aurez craché ces mots de déraison,
Quand vous aurez vomi leur fiel et leur poison,
Quand vous aurez élu pour verbe un autre verbe
Où le riche et le gueux, où l'humble et le superbe
Soient en communion dans l'inégalité,
Tous, et sans que le fort en soit débilité,
Sans que rien non plus manque aux désirs du débile,
En sorte que chacun se trouve exempt de bile,
Jamais le bien de l'un n'étant à l'autre un mal ;
Et ce verbe heureux, pur, fort, suave, aromal,
Ce verbe de soleil déchirant tous les voiles,
Ce verbe à cinq rayons ainsi que les étoiles,
Ce verbe dernier-né dont j'annonce le jour,
Ce fut le premier-né des verbes, c'est l'Amour !

O résurrection de la vieille nouvelle,
Si vieille, et que toujours il faut qu'on leur révèle
A ces âmes toujours la tenant en oubli !
O radieux Amour dont le monde est rempli,
Amour dont les splendeurs, cependant éternelles,
Ont tant de peine à luire en leurs mornes prunelles
A ces aveugles, qui le sentent deux à deux
Sans, dès qu'ils sont en tas, le voir au milieu d'eux !
Car c'est lui, cet Amour, lui-même, que je prône,
Celui, quand on est deux, qui met l'un sur un trône
Et l'autre en un servage aimable à l'asservi,
L'autre et l'un s'y plaisant, se louant à l'envi,
Celui-ci d'être roi, celui-là d'être esclave.
C'est que l'esclave ici n'a point la face hâve,
Le cœur gros, des filets de bile en ses yeux creux.
Il a le cœur allègre et les regards heureux.
Pour l'idole adorée et qu'il juge parfaite
Toute abnégation lui devient une fête.
Plus elle lui demande et plus il est content.
Son front ne veut jamais fuir le joug ; il s'y tend
Et le porte comme un diadème de roses.
Il ne vous connaît pas, comparaisons moroses
Qui dilacérez l'âme en livides lambeaux
A se constater laid quand les autres sont beaux,
Faible quand ils sont forts, pauvre quand ils sont riches.
Au joueur qui le gagne il ne dit pas : « *Tu triches.* »

Il jouit de lui voir en main tous les atouts.
Ah ! se laisser gagner par lui, quoi de plus doux ?
Comme on trouve plaisir, loin d'y chercher rancune,
Qu'il ait toutes faveurs et qu'on n'en ait aucune,
Qu'il soit beau, qu'il soit fort, qu'il soit riche, qu'il soit
L'être supérieur-en-tout que l'on conçoit !
Et comme, à tant de fleurs s'il manque une fleurette,
Aux dons qu'il peut avoir on joint ceux qu'on lui prête,
Tellement on le veut comblé de tous les dons,
Tellement de soi-même on fait pleins abandons,
Pour qu'il soit bien l'idole à divine hypostase
Devant qui tout entier l'on s'abîme en extase !
Mais cet amour fondu dans le ravissement,
Où l'orgueil mort n'est plus qu'un encensoir fumant
D'encens et de cinname et de nard et de myrrhe,
Cet amour fier d'aimer un aimé qu'il admire,
Il n'est point l'apanage, ainsi que vous pensez,
Des sexes par le rut l'un vers l'autre poussés.
C'est du pareil Amour que s'exalte une foule,
Chaos de flots, remous, tumultueuse houle,
Dont le lac devient fleuve et trouve son courant
Quand d'un chef, incarnant un rêve, elle s'éprend.
Même, n'incarnant rien, souvent elle le sacre.
Même s'il la conduit au péril, au massacre,
A la gloire sans but, au combat sans profit,
Fût-ce au crime, qu'importe ! Elle l'aime. Il suffit.

Elle l'aime, elle ira, puisqu'il veut ces batailles,
Dans la forêt des coups où pleuvent les entailles
Lui cueillir ses moissons de bouquets triomphaux
Dont les corps sont les fleurs, dont la mort est la faulx ;
Elle ira, le cœur gai, quoi qu'il exige d'elle ;
Elle ira jusqu'au bout, folle, ardente, fidèle,
Heureuse de son sang versé comme de l'eau ;
Et lorsqu'au bout de tout surgira Waterloo,
Après quinze ans de guerre et cent victoires vaines,
Le pâle sang qui roule encore dans ses veines,
Le hoquet d'agonie à ses lèvres éclos,
Sa suprême parole en suprêmes sanglots,
Et tout le pauvre peu qui lui reste de vie,
Elle les répandra, toujours folle et ravie,
Non à vomir sa foi, cause de tant d'horreur,
Mais dans un dernier cri de « Vive l'Empereur ! »
Eh bien ! c'est une foi semblable, c'est la flamme
D'un tel inextinguible amour au fond de l'âme,
C'est l'amour de l'amant dans l'amante fondu,
C'est la foi des grognards en leur petit tondu,
C'est le don de tout soi sans regrets, sans envie,
C'est d'être sous ce charme, à quoi je vous convie.
A ce fort magnétisme offrez-vous grands ouverts !
N'y cédez-vous donc pas déjà, quand de beaux vers,
Un discours fulgurant, une œuvre d'art vivante,
Un drame où la pitié jaillit de l'épouvante,

La forme aux yeux sereins, la musique aux yeux fous,
Vous tiennent là, pâmés, subjugués, hors de vous,
Et quand de tous vos cœurs, l'humble avec le superbe,
L'enthousiasme enfin ne fait plus qu'une gerbe
De vaincus s'avouant vaincus sans déshonneur
Et qui choit d'elle-même aux pieds du moissonneur ?
En voulez-vous alors à celui qui vous dompte ?
De vos droits et des siens établissant le compte,
Qui de vous contre lui se dresse en révolté
Au nom de la justice et de l'égalité ?
Qui de vous le proclame usurpateur ? Personne.
Car c'est en embrassant le blé qu'il le moissonne,
Ce tendre maître, et loin de vous croire opprimés
Par son étreinte qui vous aime, vous l'aimez.
Aimez ainsi tous ceux en qui fleurit le charme !
Que son doux et magique effluve vous désarme
Du triste orgueil qui veut partout voir des rivaux !
Ne dites point : « Je suis un homme ; donc j'en vaux
« Un autre ; donc je hais celui-là, s'il me mène ;
« Il me vole ma part de la noblesse humaine. »
Il vous donne plutôt la sienne, ô pauvres gens.
Il en est riche, et vous en êtes indigents,
De ce bien. C'est peut-être abominable, inique.
Qu'y faire ? Au moins souffrez qu'il vous le communique
Et ne le garde pas pour lui seul, son trésor.
Vers le beau, vers le bon, trop faible est votre essor ;

Laissez-vous y porter, vos orgueils en offrandes,
Sur ses ailes de fort qu'il ouvre toutes grandes.
Oh ! quel monde je rêve, heureux, suave, exquis,
De tous ces conquérants et de tous ces conquis,
Sans autres lois entre eux que les lois naturelles
Qui font évoluer les étoiles entre elles
Grâce aux affinités d'atomes essaimant
Du fond de l'infini vers des centres d'aimant ;
Lois sans contrainte, lois dont la chaîne en délices
A pour subtils anneaux les volontés complices ;
Lois anarchiques, dont la chère autorité
Ne froisse d'aucun frein aucun cœur irrité,
Puisqu'elle est pour chacun celle-là qu'il préfère,
Puisqu'il fait, y cédant, ce qui lui plaît à faire.
Oh ! quel monde joyeux, léger, de bonne humeur,
Charmant, où le charmé peut être aussi charmeur,
Car le charme est divers et non tout dans le même,
Et si la fleur que j'ai veut que mon frère m'aime,
J'aime à mon tour en lui la fleur que je n'ai pas,
Et l'on se trouve l'un à l'autre des appas.
Un nain malicieux réjouit Cléopâtre ;
Shakespeare se délecte à la chanson du pâtre ;
Lorsque je désaltère un gueux et le repais,
C'est moi qui me nourris et m'abreuve de paix,
Et du bonheur qu'il prend le mien se réconforte.
O banquet mutuel, où tous ont de la sorte

Besoin de tous ; où, si le plus humble manquait,
Il manquerait à tous les autres ; ô banquet
A la porte duquel on ne dit pas « qui vive »,
Un plat nouveau s'offrant dans tout nouveau convive ;
O vrai banquet d'amour où, du grand au petit,
Chacun boit à sa soif, mange à son appétit,
Sans vœu d'égalité, sans souci de justice,
Sans qu'un commun niveau lâchement aplatisse
Les plus sublimes fronts pour complaire aux plus bas,
Mais ceux-ci les premiers, eux, ne le voulant pas,
Puisque le beau, le bien, la grâce, le génie,
Sont un régal dont tout le monde communie ;
O banquet où les cœurs, purs des vieilles rancœurs,
Seront le pain des cœurs, seront le vin des cœurs ;
O banquet lumineux, glorieux, gai, prospère,
Saint, libre, humain, divin, bon même à qui l'espère,
Idéal même à ceux qui s'y viendront asseoir ;
O banquet qui n'es pas encore pour ce soir,
Ni pour demain, ni pour après-demain sans doute,
Et dont parfois, perdant courage, je redoute
Que la cloche se brise et ne tinte jamais ;
Ile d'or dont toujours fondent les bleus sommets
Dès que j'ai jeté l'ancre en l'une de tes criques ;
O la plus chimérique entre les chimériques ;
O brume évaporée au moindre vague vent,
Si volatile, si douteuse, que souvent

Il me semble t'avoir seulement vue en rêve ;
Ile dont cependant l'apparition brève
M'emplit de longs espoirs et d'hymnes radieux,
Et ravive ma soif d'être un des demi-dieux
Que nul tourment n'arrête et nul trépas n'effraie
Quand il faut affirmer que ta splendeur est vraie ;
Ile dont je chéris plus qu'eux le fol azur,
Car j'ose l'affirmer, moi, sans en être sûr ;
Ile dont la splendeur, fût-elle mensongère,
Suffit à m'éjouir par ce qu'elle suggère
De grand, de saint, de pur, de bon, de doux, de gai ;
Ile dont jusqu'au bout, héraut infatigué,
Je dirai les attraits, quand ce serait des leurres,
Rien que par gratitude envers les belles heures
Que ces illusions vous tissent en passant ;
Ile dont, malgré tout, héraut reconnaissant,
J'annonce ainsi la gloire et la gloire et la gloire ;
Ile que j'aime enfin, même en cessant d'y croire,
Assez pour désirer que d'autres plus heureux
Puissent y croire, assez pour appeler sur eux
La bénédiction de ton ciel de merveille,
Assez pour proclamer que ton aube s'éveille
Quoique mes yeux soient soûls de l'ombre où nous errons,
Assez pour emboucher les plus âpres clairons
Et pour y bucciner ta marche triomphale,
Dussé-je en y soufflant ce souffle de rafale

Y cracher tout le sang de mes poumons crevés,
Qu'importe, si du moins, frères, vous me devez
La force de fournir une étape nouvelle
Vers le monde enchanté que mon vœu vous révèle,
Si vous le voyez poindre en réel paradis
Lorsque j'en doute, hélas ! moi qui vous le prédis,
Si mon suprême râle au clairon des prophètes
Vous sonne une diane où fanfarent les fêtes,
Et si, comme un damné qui ferait des élus,
Je vous donne en mourant la foi que je n'ai plus !

LVI

Et voilà qu'une fois encor
J'ai refait le tour de vos grèves,
Iles fantômes, îles d'or
Des réalités et des rêves !

Mais c'est en vain, reconnaissant,
Que de tout cœur je vous exalte,
Que je cueille en y repassant
Les brèves fleurs de chaque halte,

Et que je chante à pleine voix
Jusqu'à vos rocs, jusqu'à vos sables.
Las ! Une fois de plus je vois
Que vous êtes insaisissables.

Mieux mes vers ont su vous bénir,
Pire est votre deuil que je porte.
Vous ne vivez qu'au souvenir
Dont nos regrets ouvrent la porte.

Et ma joie en vous recréant
Ne me rend que plus triste ensuite
A constater le sûr néant
De votre épouvantable fuite.

Ah ! toujours l'incessant départ !
Toujours rouler dans cette houle !
Jamais ne rester nulle part !
Couler à l'éternel tout-coule !

Pas même aux plus humbles îlots
Ne dire : « C'est la fin ! J'arrive ! »
Sans fin sur l'infini des flots
Réembarquer à la dérive !

Et pourtant, au gouffre du temps,
Pauvre homme à qui rien ne demeure,
C'est de ces paradis flottants
Qu'il faut t'en faire un d'heure en heure.

MES PARADIS

Comment on peut être joyeux,
Tant bien que mal, de ces aubaines,
Je te l'ai montré de mon mieux,
Et n'aurai point perdu mes peines

S'il te plaît de prendre en souci
Ces trois conseils, que je te livre
Pour finir, et qui sont ainsi
La moralité de mon livre.

LVII

Enivre-toi toujours pleinement, follement,
Du bonheur qui surgit, île d'or d'un moment.
Tu l'analyseras plus tard, à le revivre.
Mais pendant qu'il est là, jouis, sans plus, sois ivre.
Parfois, après un jour où le vent des déserts
A cuit le ciel, rôti le sol, flambé les airs,
La caravane trouve en l'oasis lointaine
Une mystérieuse et limpide fontaine.
Dans le fond de la vasque aux antiques pavés,
Des vers, en un langage inconnu, sont gravés.
Ce que disent les vers, nul ne veut le connaître.
A rafraîchir sa soif chacun met tout son être.
Ces pauvres gens sont dans le vrai. Fais ce qu'ils font,
Et bois à la fontaine et ne lis pas au fond.

LVIII

Enivre-toi quand même, et non moins follement,
De tout ce qui survit au rapide moment,
Des chimères, de l'art, du beau, du vin des rêves
Qu'on vendange en passant aux réalités brèves.
Si tes rêves sont morts, tâche que pour tombeau
Ils aient un monument immortellement beau
Avec un fier poème inscrit qui les rappelle;
Et qu'ainsi le tombeau puisse être une chapelle
Où les siècles futurs viennent en pèlerins
Admirer la splendeur des marbres, des airains,
Réveiller dans la nuit tes vers dits à voix haute,
Et, (qui sait?) retrouvant la foi qui te fit faute,
Au sanctuaire éteint s'agenouiller, dévots,
Et sur ton vieil autel prier les dieux nouveaux!

LIX

Mais surtout, sois aimé, sois aimant, follement !
Ça, c'est le paradis possible à tout moment.
Toujours lointain, celui qu'annoncent les apôtres !
Celui-ci, toujours près, en toi-même, en les autres,
Vraiment à ta mesure, à ta portée ainsi,
Et tel, qu'en le donnant tu le reçois aussi.
Tu ne peux t'arrêter en nul endroit, qu'importe !
Voici des îles d'or qu'avec soi l'on emporte
Tout coule, passe, fuit, tout ! Mais l'amour des tiens
Pour toi, le tien pour eux, c'est à toi, tu le tiens.
Rien ne te l'ôtera. Ton être est dans leur être.
Et quand au gouffre noir tu devras disparaître,
Leur baiser, seul perçu par tes sens engourdis,
Te versera la paix du dernier paradis.

TABLE DES MATIÈRES

TABLE DES MATIÈRES

A MAURICE BOUCHOR

VIATIQUES

I.	Préliminaires	3
II.	Autre salut	10
III.	La prisonnière	16
IV.	Les trois feux	17
V.	Le pâle	18
VI.	Le rouge	19
VII.	Le vert	20
VIII.	Magie	21
IX.	Exemple	22
X.	Le bon vin	23

XI.	L'incarnation du diable	24
XII.	Sentilités	30
XIII.	La boussole	33
XIV.	Derniers avis	43

DANS LES REMOUS

I.	Au gouffre mouvant	55
II.	Mets donc le nez dans un livre	56
III.	Pauvre bougre, encore un livre	57
IV.	Notre immortalité n'est qu'une emphytéose	58
V.	Puis il ne s'agit pas d'éterniser ton nom	59
VI.	Ballade paresseuse	60
VII.	Ballade active	62
VIII.	Le premier avait faim. Le deuxième avait faim	64
IX.	Si tu pensais aux gueux qui n'ont rien à manger	65
X.	Va-t'en, tu n'es qu'un chien, si tu fais ton régal	66
XI.	Bien des bonheurs sont morts dont j'ai cuvé l'ivresse	67
XII.	Ballade à manger	68
XIII.	Ballade de la faim	70
XIV.	Du bon vieux roi Soleil aventureux dauphin	72
XV.	Je sais les soirs d'ivresse où l'on perd la mémoire	73
XVI.	Ivrogne, ta crapule est un vice de lâche	74
XVII.	Tais-toi donc, sobre, avec ton nez couleur de rave	75
XVIII.	Ballade à boire	76
XIX.	Ballade pour ne trop boire	78
XX.	Que tu sois putain ou pucelle	80
XXI.	A l'âge où je ne serai plus	81
XXII.	On a connu l'amour à plein corps, à plein cœur	82
XXIII.	« Soit ! dit-elle, je cède et me voici clémente	83
XXIV.	Ballade du ciel de lit	84
XXV.	Ballade pour faire peur du chat	86

TABLE DES MATIÈRES

XXVI.	Si l'on veut avoir chaud, il faut dormir à deux	88
XXVII.	O maîtresses d'un soir, figures abolies	89
XXVIII.	Ils croyaient que l'amour fini se recommence	90
XXIX.	Je connais deux vieillards qui se disent « je t'aime »	91
XXX.	BALLADE DES AMOURS NOUVEAUX	92
XXXI.	BALLADE DE L'HIRONDELLE	94
XXXII.	J'ai vécu. Voici mon avis	96
XXXIII.	Autre conseil, au temps des fleurs	97
XXXIV.	O fatigue de vivre! Encore une journée	98
XXXV.	Tes guêtres! Ton bâton! Ton sac! Ouvre la porte	99
XXXVI.	BALLADE DE LA REINE DES FLEURS	100
XXXVII.	BALLADE DE LA CHIMÈRE	102
XXXVIII.	Si tu veux *arriver* (comme on dit), prends modèle	104
XXXIX.	Mais des succès d'un jour si tu n'es point rapace	105
XL.	On t'appelle jongleur, virtuose, acrobate	106
XLI.	Mais reste simple. L'œuvre est grande et magistrale	107
XLII.	BALLADE AILÉE	108
XLIII.	BALLADE AU DÉTRIMENT DES LOIS	110
XLIV.	Oh! de quels beaux pays vous voilà revenus	112
XLV.	Passager toujours prêt à reprendre passage	113
XLVI.	Clos-toi dans ton orgueil comme un loup dans son antre	114
XLVII.	Solitude, manoir de Belle au bois dormant	115
XLVIII.	BALLADE À LA GLOIRE DES HUMBLES	116
XLIX.	BALLADE DE L'ORGUEIL	118
L.	Laisse donc aux faiseurs d'embarras, aux messieurs	120
LI.	Frappe et l'on t'ouvrira. C'est le conseil du sage	121
LII.	« Vous saignez! Je mettrai mes doigts dans la blessure	122
LIII.	Ne va pas t'indigner, mon cœur. Cela t'enseigne	123
LIV.	BALLADE FRATERNELLE	124
LV.	BALLADE DE LA GUERRE	126
LVI.	Une Majesté, toi! Tu n'en as que la mine	128
LVII.	O jeunesse, c'est toi qu'il faut que l'on vénère	129
LVIII.	Ne nous faisons donc pas meilleurs que nous ne sommes	130

LXIX.	Quand mon heure viendra d'être dans les partants	131
LX.	BALLADE DES SALES VIEUX	133
LXI.	BALLADE DES BONS VIEUX	134
LXII.	Salut, Terre ! Salut, mère ! Salut, nourrice !	136
LXIII.	O pain qui nous fais vivre et dont nous crèverons	137
LXIV.	Soir de Noël ! Je meurs de faim. Autrui se gave	138
LXV.	Dans la cave un rayon de soleil ! Le serpent	139
XLVI.	BALLADE DU BON PAIN	140
LXVII.	BALLADE DE LA ROSE	142
LXVIII.	Poète, ne sois pas clairon; mais cornemuse	144
LXIX.	Assez chanté pour eux de ces lâches chansons	145
LXX.	On a de ces jours-là, pourtant! Adieu devoir	146
LXXI.	Il est bon que parfois vous vous exterminiez	147
LXXII.	BALLADE DE LA FORGE	148
LXXIII.	BALLADE DU DROIT.	150
LXXIV.	Qui donc n'a pas rêvé d'être un Napoléon	152
LXXV.	La vie ! Une chambrée. On ne peut à l'écart	153
LXXVI.	De la dame de pique à l'œil faux de catin	154
LXXVII.	Ton bonheur dépendrait d'une carte qui sort!	155
LXXVIII.	BALLADE DE L'OURS	156
LXXIX.	BALLADE DE LA LYRE	158
LXXX.	O mort, bon fantôme aux yeux creux	160
LXXXI.	Ce qui fait la félicité	161
LXXXII.	Dans le ciel de fournaise où flambe Thermidor	162
LXXXIII.	O feu, fils du soleil, feu rouge et radieux	163
LXXXIV.	BALLADE DES PLAISIRS	164
LXXXV.	BALLADE DE LA PEINE	166
LXXXVI.	Arbre sans pied ni cime, aux branchages touffus	168
LXXXVII.	Mais il ne fleurit pas, Nature, ton printemps	169
LXXXVIII.	Heureux qui ne sait rien! Pour lui tout est féerique	170
LXXXIX.	Heureux qui sait tout! L'âme éparse dans les choses	171
XC.	BALLADE MÉTAPHYSIQUE	172
XCI.	BALLADE ANTIMÉTAPHYSIQUE	174
XCII.	Quoi! Sonner la diane à ce peuple endormi	176

TABLE DES MATIÈRES 377

XCIII.	Mais qui leur chantera l'annonce des matins	177
XCIV.	Puisque tu n'as au dos que des embryons d'ailes	178
XCV.	Non, ce n'est pas encor la nuit et le silence	179
XCVI.	BALLADE DES MÉCHANTES ÉTOILES	180
XCVII.	BALLADE POUR LES ÉTOILES QUAND MÊME	182
XCVIII.	Qui que tu sois qui vis en moi, qu'on nomme l'âme	184
XCIX.	Et tandis que mon corps cherche le bien physique	185
C.	O moi, mon pauvre moi, parle, fais-toi connaître	186
CI.	Ah! ce n'est pas deux moi qui sont en moi! C'est dix	187

LES ÎLES D'OR

I.	A la fin j'ai compris vos voix	197
II.	Ainsi, vous fuirez, les îles	203
III.	Puis, que ces terres soient fuyardes, je l'accorde	206
IV.	Il en est aussi dont le sol	210
V.	Et celles qui n'étaient que des glaçons flottants	214
VI.	Ah! celles dont les fontaines	217
VII.	Celle-ci, dont l'aspect fut moins miraculeux	221
VIII.	Et cette autre où, le dos vautré dans les élymes	222
IX.	Il en est qui sont des volcans	224
X.	Il en est où l'on fut ensemble et le César	228
XI.	O mots, dont j'ai loué si souvent le pouvoir	229
XII.	Une menotte vous serre	230
XIII.	Fleur sorcière dont le nom seul fait tressaillir	232
XIV.	Car vous avez beau dire, il faut que les pétales	233
XV.	Et donc sois d'ici proscrite	234
XVI.	Oui, femmes, notre corps au pourchas de votre âme	237
XVII.	Seins de neige, oreillers de fraîcheur et d'oubli	239
XVIII.	Tous les baisers, tous les baisers, premier baiser	240
XIX.	Amour au même nid fidèle	242
XX.	Ne vous arrogez pas ce droit	244

XXI.	Ne vous plaignez pas des alarmes	245
XXII.	Les plus folles images sont vaines	246
XXIII.	A la crête d'un flot deux gouttes écumant	250
XXIV.	Iles d'or vert	251
XXV.	Mais avant celles-là dont le net souvenir	257
XXVI.	Ecoutez ! Là-bas ! Dans le matin	260
XXVII.	Qu'a donc le cher mignon à s'agiter ainsi ?	264
XXVIII.	Premiers pas en équilibre.	267
XXIX.	Voilà que fleurit	270
XXX.	« Il était une fois... » On jouait ; on s'arrête	273
XXXI.	Joyeux réveils, messagers	276
XXXII.	Prismatique archipel des premiers livres lus	279
XXXIII.	Car c'est l'âme de mes vingt ans	285
XXXIV.	Vingt ans hier ! Vingt ans sonnés !	286
XXXV.	Ah ! pauvret, ta chanson rabâche	289
XXXVI.	Il en est. Je les dirai.	291
XXXVII.	Et d'abord celles-ci, deux sœurs qui font la paire	292
XXXVIII.	Voici, certe, un miracle aussi miraculeux	293
XXXIX.	A table, les amis, à table ! Pas bien grande	294
XL.	Je n'en veux pas à qui se montre un peu trop fier	298
XLI.	Merci, toi qu'on se fait à ses propres dépens	299
XLII.	En quatre mouvements, deux temps, quelques avis	300
XLIII.	O sagesse avisée où je suis maintenant	301
XLIV.	De la musique ! Plus de paroles	302
XLV.	O lumière, couleurs, formes, fête des yeux	304
XLVI.	On a passé le jour en tracas, en manœuvres	306
XLVII	Quel hiver peut faner vos rosiers remontants	309
XLVIII.	Santé des quarante ans, où semble que renaisse	316
XLIX.	Je les plains, les purs cerveaux	318
L.	Ne pas croire l'idée une plante de serre	322
LI.	O Douleur, hydre bicéphale	324
LII.	Hors, hors de ton château, la Belle au bois dormant	331
LIII.	Pardon, Métaphysique, oh ! pardon	337
LIV.	Loin, plus loin, par delà les ultimes Thulés	340

TABLE DES MATIÈRES

LV.	Iles de l'idéal qu'on bâtit pour les autres	341
LVI.	Et voilà qu'une fois encor	364
LVII.	Enivre-toi toujours, pleinement, follement	367
LVIII.	Enivre-toi quand même, et non moins follement	368
LIX.	Mais surtout, sois aimé, sois aimant, follement	369

www.ingramcontent.com/pod-product-compliance
Lightning Source LLC
Chambersburg PA
CBHW070438170426
43201CB00010B/1145